KB210342

유마경

유마경

대승불교운동의
선언서

무비 옮김

민족사

● 차례

일러두기

—

1. 민족사판 유마경 번역은 구마라집 한역 『유마힐소설경』(3권)을 사용했다.

2. 한역(漢譯)으로는 다음과 같은 것들이 있다.

   불엄조(佛嚴調) 역, 『고유마힐경(古維摩詰經)』 2권(187년).

   지겸(支謙) 역, 『불설유마힐경(佛說維摩詰經)』 2권(223~253).

   축숙란(竺叔蘭) 역, 『비마라힐경(毘摩羅詰經)』 3권(296년).

   축법호(竺法護) 역, 『유마힐소설법문경』 1권(303년).

   사문 지다밀(祇多密) 역, 『유마힐경』 4권(미상).

   구마라집(鳩摩羅什) 역, 『유마힐소설경(維摩詰所說經)』 3권(406년).

   현장(玄奘) 역, 『설무구칭경(說無垢稱經)』 6권(650년) 등.

3. 번역은 일반 불자들을 위하여 직역과 의역의 중간을 택했다.

4. 주(註)와 해설은 기존의 여러 책을 참조하여 역자가 붙인 것이다. 주는 각
   장의 뒤편에 후주(後註)로 처리했다.

제1장

불국품(佛國品)

—

부처님의 나라

이와 같은 사실들을 저는 들었습니다.

어느 날 부처님께서는 비야리성(城)의 암라나무 동산에서 큰 비구스님 8천 명과 보살[1] 3만 2천 명과 함께 계셨다. 그들은 많은 사람들에게 널리 알려진 이들이었으며, 큰 지혜의 근본 수행을 모두 다 성취하였으니 이것은 모든 부처님의 위신력으로 이루어진 것이었다.

그들은 불법(佛法)의 성곽을 보호하기 위하여 정법을 받아 지녔으며, 능히 사자와 같은 음성으로 불법을 설하여 그 이름이 두루 시방에 알려졌으며, 여러 사람이 청하지 않더라도 벗이 되어 그들을 편안하게 해 주었다. 삼보(三寶)²⁾의 전통을 계승하여 끊어지지 않도록 하였으며, 마귀와 미워하고 질투하는 이들을 항복받았으며, 모든 외도(外道)를 제압하였다.

또 그들은 모든 면이 청정해서 마음을 어둡게 하는 번뇌[蓋]³⁾와 사람을 속박하는 번뇌[纏]를 영원히 떠났으며, 마음은 항상 걸림이 없는 해탈의 경지에 편안히 머물면서 바른 기억[正念]과 바른 선정과 선한 일을 모두 가지는 것[總持]과 변재(辯才, 뛰어난 설법)가 끊어지지 않게 하였다. 또 보시·지계·인욕·정진·선정·지혜와 방편과 힘이 모두 다 갖추어져서 얻을 것이 없는 데까지 이르렀고, 참다운 깨달음을 얻은 편안한 마음[法忍]에서 일어나지 않고, 능히 중생을 수순해서 물러서지 않게 하는 법륜(法輪)을 굴렸다.

여러 가지 가르침의 특질들[法相]⁴⁾을 잘 알고 중생의 근기를 잘 알았고, 모든 대중의 으뜸이 되어 두려워할 것이 전혀 없었다. 공덕과 지혜로써 그 마음을 닦고, 잘 생긴 모습으로 몸을 장엄하여 그 얼굴, 그 모습은 제일이어서 세간의 화장과 꾸미는 것들은 모두 버렸다. 고명한 이름은 높고 높아 멀리까지 들려 저 수미산을 넘어갔고, 깊은 믿음은 견고해서 마치 금강과 같았다. 가르침의 보물로 널리 비추고 감로의 법문으로 비를 내리어 많고 많은 말 중에 제일 미묘하였다.

연기의 이치[5]에 깊이 들어가서 모든 삿된 견해를 다 끊고, 있음과 없음의 두 가지 치우친 곳에 더 이상의 다른 물듦이 없었다. 법을 설하는 데 두려움이 없는 것은 마치 사자후와 같았고, 법을 강설하는 바는 마치 우레와 같아서 한량이 없었으며, 이미 그 양(量)을 초과하였다.

여러 가지 법의 보물을 모으는 것은 마치 바다를 항해하는 훌륭한 선장과 같았고, 모든 법의 깊고 오묘한 뜻을 잘 통달하여, 중생이 가고 오고 나아가는 곳과 마음의 흘러가는 바를 잘 알았다. 누구와도 대등함이 없는 부처님의 자재한 지혜와 열 가지 힘[十力][6]과 두려움 없음[無畏][7]과 열여덟 가지 특별한 법[十八不共法][8]에 가까이하였다.

일체의 모든 악한 갈래의 문[惡道]을 다 막아버렸으나,

다섯 갈래의 길[五道]9)에 태어나서 그 몸을 나타내었다. 큰 의사가 되어 온갖 병을 잘 치료하는 데 병에 맞추어 약을 주어 잘 복용하도록 하였고, 한량없는 공덕을 다 성취했고, 한량없는 국토를 다 청정하게 장엄했다. 보고 듣는 사람들은 다 이익을 얻고 모든 하는 일들은 또한 헛되지 않아 이와 같은 일체 공덕을 모두 구족하였다.

그 보살들의 이름은 등관보살·부등관보살·등부등관보살·정자재장보살·법자재왕보살·법상보살·광상보살·광엄보살·대엄보살·보적보살·변적보살·보수보살·보인수보살·상거수보살·상하수보살·상참보살·희근보살·희왕보살·변음보살·허공장보살·집보거보살·보용보살·보견보살·제망보살·명망보살·무연관보살·혜적보살·보승보살·천왕보살·괴마보살·진덕보살·자재왕보살·공덕상엄보살·사자후보살·뇌음보살·산상격음보살·향상보살·백향상보살·상정진보살·불휴식보살·묘생보살·화엄보살·관세음보살·득대세보살·범망보살·보장보살·무승보살·엄토보살·금계보살·주계보살·미륵보살·문수사리법왕자보살 등 3만 2천 사람이었다.

또 시기범천왕과 같은 만여 명의 범천왕들이 4천하(四天下)로부터 부처님의 처소로 와서 법을 들었다. 또 일만이천 명이나 되는 하늘의 제왕들이 역시 4천하로부터 법회에 와서 앉아 있었다. 그리고 또 대위력천왕과 용과 신과 야차와 건달바와 아수라와 가루라와 긴나라와 마후라가 등과 여러 비구·비구니·우바새·우바이들도 함께 법회에 와 앉았다.

그때에 부처님께서 한량없는 백천(百千) 대중과 더불어 공경을 받으며 둘러싸여서 그들을 위하여 법을 설하시니 마치 수미산이 큰 바다에 우뚝하게 드러난 것과 같았다. 온갖 여러 가지 보배로 꾸며진 사자좌에 편안히 앉아 계시니 일체 모든 대중을 다 가려버렸다.

그때에 비야리 성(城)에 장자의 아들이 있었으니 이름이 보적이었다. 그는 5백 명의 장자 아들들과 함께 칠보로 된 일산(日傘)을 가지고 부처님의 처소에 나아가서 머리를 부처님의 발에 대고 예배하였다. 그리고 따로따로 가지고 온 일산으로 다 같이 부처님께 공양하였다.

부처님의 위신력으로 여러 개의 보배 일산(日傘)이 합

하여 하나가 되어 삼천대천세계를 두루 덮으니 이 세계의 드넓은 형상이 모두 그 가운데 다 나타났다. 또한 이곳 삼천대천세계의 여러 수미산과 설산(雪山)과 목진인타산과 마하목진인타산과 향산과 보산(寶山)과 금산(金山)과 흑산과 철위산과 대철위산과 대해와 강하(江河)와 내와 샘과 그리고 해와 달과 별과 천궁과 용궁과 온갖 신들의 궁전이 모두 보배 일산 가운데 나타났으며, 시방의 모든 부처님과 모든 부처님이 설법하는 것까지도 보배 일산 가운데 나타났다.

그때에 일체 대중이 부처님의 신력을 보고 일찍이 본 적이 없는 처음 보는 일이라고 찬탄하며 합장하고 부처님께 예배하며 존안을 우러러보며 눈을 잠깐도 떼지 않았다. 장자의 아들 보적이 곧 부처님 앞에서 게송으로 찬탄하였다.

맑은 눈은 마치 푸른 연꽃 같고
마음은 텅 비어 모든 선정을 다 성취하셨네.
오랫동안 청정한 업을 쌓아 한량이 없으시어

고요히 대중을 인도하실새 머리 숙여 예배합니다.

큰 성인이 신통과 변화로
시방의 한량없는 국토를 널리 나타냄을 다 보며
모든 부처님께서 법을 연설하시는데
여기서 모든 것을 다 보고 듣습니다.

법왕의 법력은 온갖 중생을 다 뛰어넘으시어
항상 법의 재물로써 일체 중생에게 보시하시며
모든 법의 행상들을 능히 잘 분별하시나
제일의(第一義)[10]에는 움직이지 않습니다.

이미 모든 법에 자유 자재함을 얻으셨나니
그러므로 이러한 법왕께 머리 숙여 예배합니다.

설법은 있지도 않고 또한 없지도 않으나
인연인 까닭에 모든 법이 생기며
나도 없고 지음도 없고 받는 자도 없으나

선과 악의 업은 또한 없지 않도다.

처음 보리수 아래서 마군들을 항복 받고
감로의 열반을 얻으시고 깨달음을 이루시니
심의식과 수상행(受想行)이 벌써 사라지고[11]
모든 외도까지 다 항복받았도다.

대천세계에 법륜을 세 번 굴리시니
그 법륜은 본래 항상 청정함이라
천신과 사람들이 도를 얻어 깨닫게 되니
삼보가 이로부터 세간에 나타남이라.

이 미묘한 법으로써 온갖 생명을 제도하시니
한번 받아가지면 물러서지 않고 항상 적연함이라.
늙고 병들고 죽는 것을 해결하시는 큰 의왕이시니
법의 바다 가없는 공덕에 마땅히 예경합니다.

비방과 칭찬에 움직이지 않는 것이 수미산과 같고

선한 사람 악한 사람 평등하게 자비로써 대하시니
마음과 행동이 평등하여 허공과 같아라.
사람 중의 보배를 듣고 그 누가 공경하여
받들지 않으리오.

지금 이 작은 일산으로 세존께 받들어 올리나니
그 가운데 우리가 사는 삼천대천세계도 나타나며
온갖 하늘과 용과 신들이 사는 궁전도 나타나며
건달바와 야차도 나타납니다.

세간에 있는 모든 것을 다 볼 수 있는 것은
부처님이 연민으로 이런 변화를 나타낸 것입니다.
대중은 희유함을 보고 모두 부처님을 찬탄하니
지금 저는 삼계의 어른님들께 머리 숙여 예배합니다.

큰 성인 법의 왕은 중생들의 귀의할 바라
청정한 마음으로 부처님을 뵙고 모두 기뻐하도다.
각자가 세존을 뵙되 눈앞에 있는 듯하니

이것은 신령한 힘이며 특별한 법이로다.

부처님은 한 가지 음성으로 법을 연설하시나
중생은 종류에 따라 각각 알아듣고는
모두 세존의 말씀이 같다고 하나니
이것은 신령한 힘이며 특별한 법이로다.

부처님은 한 가지 음성으로 법을 연설하시나
중생은 제각각 종류에 따라 알아듣고는
두루두루 받아 행하여 이익을 얻나니
이것은 신령한 힘이며 특별한 법이로다.

부처님은 한 가지 음성으로 법을 연설하시나
어떤 이는 두려워하고 어떤 이는 기뻐하며
혹은 생사를 싫어하여 떠날 생각을 내고
혹은 의혹을 끊나니
이것은 신령한 힘이며 특별한 법입니다.

큰 정진으로 열 가지 힘을 얻으신
부처님께 머리 숙여 예배합니다.
특별한 법[不共法]에 머무신
부처님께 머리 숙여 예배합니다.

일체 대중의 큰 스승이신
부처님께 머리 숙여 예배합니다.
능히 모든 결박을 끊은
부처님께 머리 숙여 예배합니다.

이미 저 언덕에 이르신
부처님께 머리 숙여 예배합니다.
능히 모든 세간을 제도하신
부처님께 머리 숙여 예배합니다.
영원히 생사의 길을 떠난
부처님께 머리 숙여 예배합니다.

중생의 가고 오는 모습을 다 알고

모든 법에서 해탈을 잘 얻으셨으며
세간에 집착하지 않음이 마치 연꽃과 같고
항상 공적한 행에 잘 들어갔으며

모든 법의 행상을 통달하여 걸림이 없으며
허공과 같이 의지함이 없으신
부처님께 머리 숙여 예배합니다.

그때에 장자의 아들 보적이 이 게송을 마치고 나서 부처님께 여쭈었다.

"세존이시여, 여기에 있는 5백 명의 장자의 아들들은 모두 최상의 깨달음(아뇩다라 삼먁삼보리)을 얻고자 하는 마음을 내었습니다. 이에 불국토의 청정에 대하여 듣기를 원하오니 바라옵건대 세존께서는 모든 보살의 정토행(불국토행)에 대하여 말씀하여 주십시오."

부처님께서 말씀하셨다.

"훌륭하구나. 보적이여, 능히 모든 보살을 위하여 여래의 정토행(行)을 묻는구나. 자세히 듣고 자세히 들어라.

그리고 잘 생각하여라. 마땅히 그대들을 위하여 설명하리라."

이에 보적이 장자의 아들 5백 명과 함께 가르침을 받아 들었다.

부처님께서 말씀하셨다.

"보적이여, 온갖 중생이 사는 이 세계(사바세계)가 곧 보살의 불국토니라. 왜냐하면, 보살은 교화해야 할 중생을 따라서 불국토를 삼고, 조복할 바 중생을 따라서 불국토를 삼느니라. 모든 중생이 반드시 어떤 국토로써 부처의 지혜에 들어가는가에 따라서 불국토를 삼으며, 모든 중생이 반드시 어떤 국토로써 보살의 근본을 일으키는가에 따라서 불국토를 삼느니라. 왜냐하면, 보살이 청정한 국토를 삼는 것은 모두가 중생을 이익하게 하기 위한 까닭이니라.

비유하자면 마치 어떤 사람이 텅 빈 땅에 집을 짓고자 하면 아무런 장애 없이 뜻대로 지을 수 있지만, 만약 허공에다 세우려고 하면 이룰 수가 없는 것과 같다. 이와 같이 보살도 중생을 구하고자 하므로 그에 따라서 불국토를 삼고자 하는 것이지 공연히 그러는 것이 아니니라."

"보적이여, 마땅히 알아라. 곧은 마음이 보살의 청정국토이니 보살이 성불할 때에 아첨하지 않는 중생이 그 나라에 태어나느니라. 깊은 마음이 보살의 청정한 국토이니 보살이 성불할 때에 공덕을 갖춘 중생들이 그 나라에 와서 태어나느니라. 보리심이 보살의 청정한 국토이니 보살이 성불할 때에 대승중생이 그 나라에 와서 태어나느니라.

보시가 보살의 청정한 국토이니 보살이 성불할 때에 일체를 능히 주고 제공하는 중생이 그 나라에 와서 태어나느니라. 지계(持戒)가 보살의 청정국토이니 보살이 성불할 때에 열 가지 선(善)을 행하기를 발원한 중생이 그 나라에 와서 태어나느니라. 인욕이 보살의 청정국토이니 보살이 성불할 때에 32상으로 장엄한 중생이 그 나라에 와서 태어나느니라. 정진이 보살의 청정국토이니 보살이 성불할 때에 일체의 공덕을 부지런히 닦는 중생이 그 나라에 와서 태어나느니라. 선정이 보살의 청정국토이니 보살이 성불할 때에 마음을 거두어 산란하지 않는 중생이 그 나라에 와서 태어나느니라. 지혜가 보살의 청정국토이니 보살이 성불할 때에 바른 선정의 중생이 그 나라에 와서 태어나느니라.

네 가지 한량없는 마음[四無量心][12]이 보살의 청정국토이니 보살이 성불할 때에 자비희사를 성취한 중생이 그 국토에 와서 태어나느니라. 네 가지 자비로운 마음으로 받아들이는 법[四攝法][13]이 보살의 청정한 국토이니 보살이 성불할 때에 해탈로 받아들인 중생이 그 국토에 와서 태어나느니라. 방편이 보살의 청정국토이니 보살이 성불할 때에 모든 법에 방편의 문이 한정이 없는 중생이 그 국토에 와서 태어나느니라. 「37조도품(三十七助道品)」[14]이 보살의 청정국토이니 보살이 성불할 때에 4념처(四念處)[15]와 4정근(四正勤)[16]과 4신족(四神足)[17]과 5근(五根)[18]과 5력(五力)[19]과 7각지(七覺支)[20]와 8정도(八正道)[21]를 수행하는 중생이 그 나라에 와서 태어나느니라.

회향심이 보살의 청정국토이니 보살이 성불할 때에 모든 공덕이 갖추어진 국토를 얻느니라. 여덟 가지 어려움을 제거함을 설하는 것이 보살의 청정국토이니 보살이 성불할 때에 그 국토에는 3악(三惡)과 8난(八難)[22]이 없느니라. 스스로 계행을 지키고 다른 사람의 파계함을 나무라지 않는 것이 보살의 청정국토이니, 보살이 성불할 때에 그 국토에는 금계(禁戒)를 범했다는 이름이 없느니라.”

“10선(十善)이 보살의 청정국토이니 보살이 성불할 때에 목숨이 중간에 요절하지 않고, 크게 부유하며 청정한 행을 갖추고, 말이 진실하며 항상 부드럽게 말하고, 권속(친척)들은 이별하지 않고 다툴 일 없이 잘 화합하며, 말을 하면 반드시 이익 되게 하며 시기하거나 성내지 않는 바른 견해를 가진 중생이 그 국토에 와서 태어나느니라.

이와 같으니라. 보적이여, 보살이 곧은 마음을 따라서 곧 능히 행동에 옮기고, 행동에 따라 곧 깊은 마음을 얻고, 깊은 마음을 따라 곧 생각이 조복되고, 그 조복됨을 따라 곧 말한 대로 행동하며, 말한 대로 행동함을 따라 곧 능히 회향하고, 그 회향을 따라서 곧 방편이 있게 되고, 그 방편을 따라 곧 중생을 성취하느니라.

또 중생을 성취함을 따라서 곧 불국토가 청정하며, 불국토가 청정함을 따라서 곧 설법이 청정하고, 설법이 청정함을 따라서 곧 지혜가 청정하고, 지혜가 청정함을 따라서 곧 그 마음이 청정하고, 그 마음이 청정함을 따라서 곧 일체 공덕이 청정하느니라.

그러므로 보적이여, 만약 보살이 청정한 국토를 얻고자 한다면, 마땅히 그 마음을 청정하게 해야 하나니, 그 마음이 청정함을 따라서 곧 불국토가 청정하여지느니라."

그때 사리불이 부처님의 위신력을 받들어 이러한 생각을 하였다.

'만약 보살이 마음이 청정하여 곧 불국토가 청정하여 진다면, 우리 세존은 본래 보살로 있을 때에 어찌 생각이 청정하지 아니했겠는가마는 이 불국토가 청정하지 못한 것은 어째서인가?'

부처님께서 그 생각을 아시고 곧 말씀하셨다.

"어떻게 생각하는가? 해와 달이 어찌 캄캄해서 맹인이 보지 못하는가?"

사리불이 대답하였다.

"아닙니다. 세존이시여, 그것은 맹인의 허물이지 해와

달의 허물은 아닙니다."

"사리불이여, 중생의 허물로 여래의 국토가 청정하게 장엄한 것을 보지 못할지언정 여래의 허물은 아니니라. 사리불이여, 나의 이 국토는 청정하지만, 그대가 보지 못할 뿐이니라."

그때에 나계범왕(螺髻梵王)이 사리불에게 말하였다.

"이러한 생각을 하여 이 불국토가 청정하지 않다고 여기지 마십시오. 왜냐하면, 내가 석가모니의 불국토가 청정함을 보기를 비유하자면 자재천궁과 같이 봅니다."

사리불이 말하였다.

"내가 이 국토를 보니 언덕과 구릉과 가시덤불과 모래와 자갈과 흙과 돌과 여러 산과 더러운 것이 가득합니다."

나계범왕이 말하였다.

"그대는 마음에 높고 낮음이 있기 때문이고 또 부처님의 지혜를 의지하지 않기 때문에 이 국토를 부정하게 볼 뿐이다. 사리불이여, 보살은 일체 중생에게 모두 다 평등하며, 깊은 마음이 청정하고 부처님의 지혜를 의지하여 능히 이 불국토를 청정하게 보는 것입니다."

이에 부처님께서 발가락으로 땅을 누르시니 곧바로 삼천대천세계가 백천 가지 보물로 장엄되었다. 비유하면 보장엄 부처님의 한량없는 공덕으로 보배로 장엄된 국토와 같았다. 일체 대중이 일찍이 없었던 일이라고 찬탄하며 모두 저절로 보배 연꽃에 앉아 있는 것을 보았다.

부처님께서 사리불에게 말씀하셨다.

"그대는 불국토가 아름답게 장엄된 것을 보는가?"

사리불이 말하였다.

"예, 세존이시여, 본래는 보지 못하던 것이며 듣지 못하던 것인데 지금의 불국토는 아름다운 모습이 다 나타났습니다."

부처님께서 사리불에게 말씀하셨다.

"나의 불국토는 항상 이와 같이 청정하지만, 이곳의 하열한 사람들을 제도하기 위해서 온갖 나쁘고 더러운 국토를 보였을 뿐이다. 비유하자면 여러 천신들은 다 같이 보배로 된 그릇으로 공양하지만, 그들의 복덕을 따라서 밥의 색깔이 다른 것과 같으니라. 이처럼 사리불이여,

만약 사람들의 마음이 청정하면 곧 이 국토도 공덕으로 장엄한 것을 보게 되리라."

부처님께서 이 국토를 청정하게 장엄함을 나타냈을 때 보적이 거느리고 온 5백 명의 장자 아들들이 모두 다 생사가 없는 진리를 얻었고, 8만 4천 사람들은 모두 다 최상의 깨달음에 대한 마음을 내었다.

부처님께서 신통을 보여줬던 발을 거두어들이니 이 세계는 곧 예전처럼 회복되었다. 성문승을 구하는 3만 2천 명과 여러 천신과 사람들은 조작이 있는 법[有爲法][23]은 모두 다 무상하다는 사실을 알았다. 그리하여 번뇌를 멀리 여의고 법안(法眼)이 청정함을 얻었으며, 8천 명의 비구들은 모든 법(존재)을 받아들이지 않고 번뇌가 다하여 마음의 해탈을 이루었다.

주

•

1) 보살(菩薩) : 원래 의미는 구도자, 수행자를 뜻함. 깨달음의 경지가 부처님 다음 가는 이들. 아직 부처님과 같은 완전한 깨달음에는 이르지 못했지만, 자비심이 강해서 일체중생을 사랑한다. 그래서 자비의 상징이다.

2) 삼보(三寶) : 부처님(불), 부처님의 가르침(법), 승단(승, 스님)을 말한다.

3) 번뇌(煩惱) : 중생의 마음을 괴롭히는 심적인 현상. 번뇌에는 크게 세 가지 즉, 탐심·진심(성냄)·치심(어리석음, 무지)이 있다. '마음을 어둡게 하는 번뇌[蓋]'는 ①탐욕 ②진에(瞋恚) ③수면(隨眠, 미세한 잠재적인 번뇌) ④마음이 들떠서 악을 짓는 것[掉擧惡作] ⑤의심.

4) 여러 가지 가르침의 특질들[法相] : 소승법(小乘法), 대승법(大乘法), 연기법(緣起法), 공(空), 중관, 유식 등 불교교리 등을 통칭 법상(法相)이라고 한다.

5) 연기(緣起)의 이치 : 모든 존재가 발생, 소멸하는 원인[因]과 조건[緣]과 결과[果]의 관계성을 뜻한다. 연기의 법칙은 "이것이 있으므로 저것이 있고, 이것이 생기므로 저것이 생긴다. 이것이 없으므로 저것이 없으며, 이것이 멸(滅)하므로 저것이 멸한다."는 것이다. 석가모니 부처님이 깨달은 진리.

6) 열 가지 힘[十力] : 부처님이 갖추고 있는 열 가지 지혜의 힘.

7) 두려움 없음[無畏] : 4무소외(四無所畏)로서, ①깨달아 정각에

오르는 데 두려움이 없다[正等覺無畏]. ②온갖 번뇌를 끊어 두려움 없다[漏永盡無畏]. ③설법하는 데 비난을 받는 장애가 있어도 두려움이 없다[說障法無畏]. ④고통을 끊어 해탈에 이르는 4제(四諦)와 8정도를 설하는 데 장애가 있어도 두려움이 없다[說出道無畏].

8) 열여덟 가지 부처님의 특성[十八不共法] : 여래는 ①신무실(身無失) : 몸이 실수가 없고. ②구무실(口無失) : 입이 실수가 없고. ③의무실(意無失) : 생각이 실수가 없고. ④무이상(無異想) : 두 가지 생각이 없고. ⑤무부정심(無不定心) : 선정을 여읜 마음이 없다 등 18가지 특징.

9) 다섯 갈래의 길[五道] : 선악(善惡)의 업보에 의하여 가는 다섯 가지 세계. 6도에서 아수라가 빠진 지옥, 아귀, 축생, 천상, 인간.

10) 제일의(第一義) : 제일의 진리인 열반, 진여, 실상, 중도 등. 제일의제(第一義諦), 진제(眞諦), 승의제(勝義諦)라고도 한다. '제일의는 흔들리지 않는다'는 것은 부처님이 깨달으신 궁극적 경지[第一義]를 잃지 않고 방편을 설한다는 뜻이다.

11) 수상행(受想行)이 벌써 사라지고 : 반야심경에서 공(空)에는 무수상행식(無受想行識)이라고 하여 수상행식이 없다고 하였다. 물론 공에는 눈과 귀와 코와 혀 등도 없고, 물질·소리·향기·맛 등도 없다고 하였는데 같은 뜻이다.

12) 네 가지 한량없는 마음[四無量心] : 중생을 사랑하는 네 가지 지극한 마음. ①자(慈, 자비) : 남에게 즐거움을 주려는 마음. ②비

(悲) : 남의 고통을 벗겨 주려는 마음. ③희(喜) : 기쁨을 주려는 마음. ④사(捨) : 중생을 차별 없이 평등하게 대하려는 마음.

13) 4섭법(四攝法) : 불보살들이 중생을 구제하기 위한 적극적인 네 가지 행동덕목으로, 보시섭(布施攝)·애어섭(愛語攝)·이행섭(利行攝)·동사섭(同事攝)을 말한다. ①보시섭(布施攝)은 상대편이 좋아하는 재물이나 법을 보시하여 친절한 정의(情誼)를 감동케 하여 이끌어 들이는 것이요, ②애어섭(愛語攝)은 부드럽고 온화한 말을 하여 친해서 이끌어 들이는 것이요, ③이행섭(利行攝)은 언어·동작·의념(意念)에 선행(善行)으로 중생을 이익케 하여 이끌어 들이는 것이며, ④동사섭(同事攝)은 상대편의 근성(根性)을 따라 변신(變身)하여 친하며, 행동을 같이하여 이끌어 들이는 것이다.

14) 37조도품(三十七 助道品) : 깨달음에 이르게 하는 37가지 보조적인 법을 말한다. 초기불교의 《아함경》에서 고마마 붓다가 언급하거나 설명하고 있는 37가지의 도품(道品), 즉 수행법(修行法)을 가리키는 말로, 사실상 초기불교의 수행법을 통칭하는 말이다. 37은 4념처(四念處, 四念住)·4정단(四正斷, 四正勤)·4신족(四神足, 四如意足)·5근(五根)·5력(五力)·7각지(七覺支, 七覺分)·8정도(八正道)를 합한 수이다.

15) 4념처(四念處) : ①신념처(身念處) : 몸에서 마음 챙김. ②수념처(受念處) : 느낌에서 마음 챙김. ③심념처(心念處) : 마음에서 마음 챙김. ④법념처(法念處) : 법에서 마음 챙김.

16) 4정근(四正勤) : ①단단(斷斷) : 이미 일어난 나쁜 것을 버리려

는 노력. ②율의단(律儀斷) : 아직 일어나지 않은 나쁜 것을 일어나지 않게 하는 노력. ③수호단(隨護斷) : 아직 일어나지 않은 유익한 것을 일으키려는 노력. ④수단(修斷) : 이미 일어난 유익한 것을 증장시키려는 노력.

17) 4신족(四神足) : 4여의족(四如意足). ①욕신족(欲神足) : 강렬한 열의. ②정진신족(精進神足) : 정진 노력. ③염신족(念神足) : 마음 챙김. ④사유신족(思惟神足) : 사유하고 주시함.

18) 5근(五根) : ①신근(信根) : 믿음의 기능. ②정진근(精進根) : 정진의 기능. ③염근(念根) : 마음 챙김의 기능. ④정근(定根) : 선정의 기능. ⑤혜근(慧根) : 통찰지의 기능.

19) 5력(五力) : ①신력(信力) : 믿음의 힘. ②진력(進力) : 정진의 힘. ③염력(念力) : 마음 챙김의 힘. ④정력(定力) : 선정의 힘. ⑤혜력(慧力) : 통찰지의 힘.

20) 7각지(七覺支) : ①염각지(念覺支) : 깨어 있는 마음(sati). 마음 챙김. ②택법각지(擇法覺支) : 바른 가르침을 선택. 통찰지. ③정진각지(精進覺支) : 선택된 바른 가르침을 부지런히 닦는 것. ④희각지(喜覺支) : 정진에 의하여 얻게 되는 기쁜 마음. ⑤경안각지(輕安覺支) : 선정력(禪定力)이 깊어지고 번뇌가 가벼워져서 몸과 마음이 경쾌하고 편안한 상태. ⑥정각지(定覺支) : 삼매. 집중력. ⑦사각지(捨覺支) : 온갖 집착을 버리는 것. 마음이 순역(順逆)과 고락(苦樂)에 흔들리지 않는 평정한 상태.

21) 8정도(八正道) : ①정견(正見) : 바른 견해. ②정사유(正思惟) : 바른 사유. ③정어(正語): 바른 말 ④정업(正業) : 바른 행동. ⑤

정명(正命) : 바른 생계. ⑥정정진(正精進) : 바른 노력. ⑦정념(正念) : 바른 마음 챙김. ⑧정정(正定) : 바른 삼매.

22) 8난(八難) : 부처님 법을 듣는 데 여덟 가지 장애. 지옥·축생·아귀(이 세 곳은 고통이 너무 심해서 불법을 듣지 못한다). 장수천(長壽天)·울단월(鬱單越, 이 두 곳은 즐거움이 너무 많아서 불법을 듣지 않는다)·농맹음아난(聾盲瘖瘂難, 귀머거리, 맹인)·불전불후난(佛前佛後難, 부처님 시대에 태어나지 못하면 뵐 수 없음).

23) 조작이 있는 법[有爲法] : 유위(有爲)란 위작(爲作), 조작(造作)의 뜻으로 '만들어 진 것'이라는 의미이다. 따라서 현상계(現象界)에 존재하는 모든 것, 현재 이루어져 있는 것은 모두 유위법에 속한다. 한편 유위법에 속하는 존재나 유형의 것들은 언젠가는 사라지게 되는 무상한 존재다. 공(空)의 이치를 설하고 있는 『금강경』에서는 "일체유위법 여몽환포영 여로역여전 응작여시관(一切有爲法, 如夢幻泡影, 如露亦如電, 應作如是觀)"이라고 하여, "현상계의 모든 것은 꿈과 같고 환상과 같고 물거품과 같고 그림자 같으며 이슬과 같고 번개와도 같다. 응당 이와 같이 관할지어다"라고 설하고 있다.

제2장

방편품(方便品)

방편으로 병을 보이다

　그때 비야리 큰 성(大城) 안에 장자[1]가 있었다. 그의
이름은 유마힐(維摩詰, 유마 거사)이었다. 그는 일찍이 한량
없이 많은 부처님께 공양하여 깊이 선(善)의 뿌리를 심
은 이였다. 생멸이 없는 진리[無生法忍][2]를 얻어서 변재(辯
才, 설법)에도 걸림이 없었다. 신통을 자유롭게 활용하며
온갖 총지(摠持)[3]를 다 지니어 두려움이 없는 경지를 얻
었으며, 마군들과 원적(怨敵)들을 모두 항복받았다. 깊
은 법문에 들어가서 지혜에 뛰어났으며, 방편을 통달하
여 큰 원력을 성취하였다. 중생들이 마음속으로 지향하

는 바를 분명히 알며, 모든 중생들의 근기가 영리하고 둔함을 잘 분별하였으며, 오랫동안 불도를 닦아 그 마음이 순일하고 맑아져서 대승의 가르침에 결정되어 있었다.

그리고 여러 가지 하는 일에 대해서도 능히 잘 생각하였으며, 부처님의 위의(威儀)에 머물러 있으며, 그 마음은 큰 바다와 같아서 모든 부처님이 찬탄하는 바가 되었다. 또 여러 제자들과 제석천과 범천과 세상의 주인들이 공경하는 바가 되었다.

그(유마힐)는 많은 사람들을 제도하기 위해서 훌륭한 방편을 활용하면서 비야리 성(城)에 살고 있었다. 그는 재산이 매우 많아서 가난한 백성들을 잘 보살펴 주었고, 청정한 계율을 받들었고 계율을 범하는 이들을 많이 포용했다. 인욕으로써 행동을 다스려 모든 분노를 잠재웠고, 큰 정진으로써 모든 게으른 마음을 억눌렀다. 일심으로 고요한 선의 경지에 들어가 모든 산란한 마음을 씻어 버렸으며, 확실한 지혜로써 모든 지혜 없는 이들을 가르쳤다.

비록 세속의 옷을 입었으나 사문(沙門)이 지키는 청정

한 계율을 받들며, 비록 속세에서 살고 있으나 3계(三界, 욕계·색계·무색계)에 집착하지 아니하며, 처자가 있었으나 항상 청정한 계행을 닦았다. 또 권속이 있었으나 항상 멀리했으며, 비록 보배로 장식하였으나 타고난 훌륭한 상호(相好)로써 몸을 장엄하였다. 또 비록 음식을 먹었지만 선열(禪悅, 선정의 기쁨)로써 그 맛을 삼았다.

만약 장기나 바둑을 두는 곳에 가게 되면 그들과 함께 장기나 바둑을 두면서 제도했으며, 여러 이교도의 가르침을 받아들이되 바른 신심을 해치지 않았으며, 비록 세속의 학문에 밝았지만 항상 불법을 좋아했다. 모든 사람들로부터 최상의 공경을 받았고, 정법을 지키면서 남녀노소를 다 포용했으며, 모든 생활의 방도를 잘 마련하였다. 세속적인 이익을 얻어도 기뻐하지 않았으며 시내에 노닐어서 중생을 이롭게 했고, 소송하는 데 가서 모든 사람을 도와주었다.

강론하는 곳에 들어가서는 그들을 대승법(大乘法)으로써 인도했으며, 여러 학당에 들어가서는 어린아이들을 가르쳤다. 기생집에 들어가서는 욕망의 허물을 가르쳐 주었으며, 술집에 들어가서는 능히 그 뜻을 세웠다.

만약 장자들과 함께 있으면 장자 중 가장 높아서 그들을 위하여 뛰어난 법을 설해 주었고, 거사(居士)들과 함께 있으면 거사 중에 가장 높아서 그들의 탐착을 끊게 해 주었고, 찰제리⁴⁾들과 함께 있으면 찰제리 가운데 가장 높아서 그들을 인욕으로써 가르쳐 주었다. 바라문⁵⁾들과 함께 있으면 바라문 중에 가장 높아서 그들의 아만을 제거해 주었고, 만약 대신들과 함께 있으면 대신 중에 가장 높아서 정법(正法)으로 가르쳐 주었으며, 왕자들과 함께 있으면 왕자 중에 가장 높아서 충성과 효도를 보여 주었다.

만약 내관(內官)들과 함께 있으면 내관 중에 가장 높아서 궁녀들을 올바르게 교화했고, 만약 서민들과 함께 있으면 서민 중에 가장 높아서 복력(福力)을 일으키게 했으며, 만약 범천과 함께 있으면 범천 중에 가장 높아서 뛰어난 지혜로써 그들을 가르쳐 주었다. 만약 제석천들과 함께 있으면 제석천 중에 가장 높아서 무상(無常)함을 나타내 보여 주었고, 만약 호세천신(護世天神)들과 함께 있으면 호세 천신 중에 가장 높아서 모든 중생을 지켰다. 장자 유마힐은 이와 같이 한량없는 방편으로 많은 중생들을 유익하게 했다.

그는 방편으로써 자신의 몸이 병에 걸려 있음을 나타내었다(몸져누워 있는 것). 그 때문에 국왕과 대신과 장자와 거사와 바라문들과 그리고 여러 왕자들과 기타 관속들과 무수한 수천만 인의 사람들이 모두 다 문병을 가게 되었다. 유마힐은 문병 온 사람들에게 널리 설법(대승법)하였다.

"여러분, 이 몸은 무상하여 굳건하지 못하며, 힘도 없고 견고하지 않아서 빨리 무너지는 법입니다. 믿을 것이 못 되며 고통스럽고 괴롭고 온갖 병들이 모여 있습니다. 여러분, 육체는 이와 같아서 밝은 지혜를 가진 사람들은 의지할 것이 못 됩니다.

이 몸은 물방울이 모인 것과 같아서 만질 수가 없으며, 이 몸은 물거품과 같아서 오래가지 못하며, 이 몸은 아지랑이와 같아서 갈애(渴愛, 욕망)로부터 생긴 것이며, 이 몸은 파초와 같아서 속이 텅 비어 있습니다.

이 몸은 환영과 같아서 전도(顚倒, 잘못된 생각)로부터 생긴 것이며, 이 몸은 꿈과 같아서 허망으로 본 것이며, 이 몸은 그림자와 같아서 업의 인연으로부터 나타난 것이며, 이 몸은 메아리와 같아서 여러 가지 인연에 속해 있습니다. 이 몸은 뜬 구름과 같아서 잠깐 사이에 변하고 소멸하며, 이 몸은 번개와 같아서 순간순간 머물지 않습니다.

이 몸은 주인 없는 것이 땅과 같으며[6], 이 몸은 '나(我)'라는 것이 없는 것이 불과 같으며, 이 몸은 수명이 짧은 것이 바람과 같으며, 이 몸은 개아(個我)[7]가 없는 것이 물과 같으며, 이 몸은 실답지 아니하여 4대(四大, 地水火風)로 집을 삼고 있으며, 이 몸은 텅 비어서 '아(我, 나)'와 '아소(我所, 나의 것)'[8]를 떠났습니다.

이 몸은 지각이 없는 것이 마치 초목이나 기와나 조약돌과 같으며, 이 몸은 지음이 없어서 바람의 힘으로 움직이며, 이 몸은 깨끗하지 못하여 더러운 것으로 가득하며, 이 몸은 헛것이라서 비록 목욕하고 옷을 입히고 음식을 먹으나 반드시 마멸(磨滅)되어 없어지는 데로 돌아갑니다. 이 몸은 재앙이라서 101가지 병고로 괴로움뿐이며, 이 몸은 언덕 위의 우물과 같아서 늙음으로부터 핍박을 받으며, 이 몸은 고정된 것이 없어서 마땅히 죽게 됩니다. 이 몸은 독사와 같으며, 원수나 도적과 같으며, 텅 빈 마을과 같으며, 이 몸은 5음(五陰)[9]과 18계(十八界)[10]와 12입(十二入)[11]으로 이뤄진 것입니다."

"여러분, 우리의 이 몸은 걱정스럽고 좋아해야 할 대상이 못 됩니다. 마땅히 부처님 몸[佛身]을 좋아해야 합니다. 왜냐하면 불신이란 곧 법신(法身)[12]이며, 법신이란 한량없는 공덕과 지혜로부터 생긴 것입니다.

또 법신이란 계(戒, 계율)·정(定, 선정)·혜(慧, 지혜)·해탈(解脫)·해탈지견(解脫知見, 밝은 지혜)으로부터 생겨났으며, 자(慈)·비(悲)·희(喜)·사(捨)로부터 생겨났으며, 보시(布施)·지계(持戒)·인욕(忍辱)·유화(柔和, 화합)와 근행정진(勤行精進, 부지런히 정진함)·선정(禪定)·해탈(解脫)·삼매(三昧)와 다문(多聞, 많은 견문)·지혜(智慧) 등 온갖 바라밀로부터 생겨났으며, 방편으로부터 생겨났으며, 6신통으로부터 생겨났으며, 3명(三明)[13]으로부터 생겨났으며, 「37조도품(三十七助道品)」[14]으로부터 생겨났으며, 지(止)와 관(觀)[15]으로부터 생겨났으며, 10력(十力)[16]·4무소외(四無所畏)[17]·18불공법(十八不共法)[18]으로부터 생겨났습니다.

일체 선(善)하지 않은 것은 끊어버리고 일체 선한 법을 모으는 것으로부터 생겨났으며, 진실로부터 생겨났으며, 방일하지 않음으로부터 생겨났습니다. 이와 같은 한량없는 청정한 법으로부터 여래의 몸이 생겨났습니다. 여러분, 불신(佛身)을 얻어서 일체 중생의 병고를 끊고자 한다면 마땅히 최상의 깨달음에 대한 마음을 내야 합니다."

이와 같이 장자 유마힐은 문병하러 온 여러 사람들을 위하여 법(대승법)을 잘 설하여 셀 수 없는 수천만 사람들로 하여금 최상의 깨달음(아뇩다라 삼먁삼보리)에 대한 마음을 내게 하였다.

1) 장자(長者) : 덕망과 재산을 갖춘 부호.

2) 생멸이 없는 진리[無生法忍] : 불생불멸의 이치. 모든 사물과 현상은 공이므로 생기고 사라짐의 변화[生滅]란 없다는 진리.

3) 총지(總持) : 모든 법문을 다 기억하여 지닌다는 뜻. '다라니'라고도 한다.

4) 찰제리(刹帝利, 크샤트리아 계급) : 인도의 신분 제도인 카스트 제도의 네 계급 가운데 두 번째 계급인 왕족과 무사 계급.

5) 바라문(婆羅門, 司祭 계급) : 카스트 제도의 네 계급 가운데 가장 높은 사제 계급.

6) 이 몸은 주인 없는 것이 땅과 같으며 : 땅은 본래 주인이 없다. 힘이 있거나 돈이 있는 사람의 것이다. 그러므로 언제든지 주인은 바뀔 수 있다.

7) 개아(個我) : 원문의 인(人)은 인도철학에서 말하는 개아(個我), 개체(個體)를 뜻한다.

8) 아(我)와 아소(我所) : 아(我)는 '나'라는 것을 뜻하고, 아소(我所)란 나에게 딸린 '나의 것'을 말한다. 이 육신은 '나'라고 할 만한 고정된 존재가 없다. 따라서 나에게 딸린 '나의 것(소유)'이라고 할 수 있는 것도 없다는 뜻이다.

9) 5음(五陰) : 5온(五蘊). 색(色, 물질)·수(受, 감각 작용)·상(想, 인식 작용)·행(行, 의지 작용)·식(識, 마음 작용).

10) 18계(十八界) : 6근(六根)·6경(六境)·6식(六識)을 아울러 이르

는 말. 이 세 가지를 모두 합하면 18이다.

11) 12입(十二入) : 12처(十二處). 안처(眼處)·이처(耳處)·비처(鼻處)·설처(舌處)·신처(身處)·의처(意處)의 6근과, 그리고 색처(色處)·성처(聲處)·향처(香處)·미처(味處)·촉처(觸處)·법처(法處)의 6경(六境)의 총칭. 붓다는 존재를 5온을 통해 설명하기도 하고, 12처를 통해 설명하기도 하고, 18계를 통해 설명하기도 하였다.

12) 법신(法身) : 진리[法]의 몸. 불법(佛法)을 가리킴.

13) 3명(三明) : 숙명통·천안통·누진통.

14) 37조도품(三十七助道品) : 제1장 주 14 참조.

15) 지(止)와 관(觀) : 마음을 고요히(止) 하여 진리의 실상을 관찰(觀)하는 수행방법.

16) 10력(十力) : 제1장 주 6 참조.

17) 4무소외(四無所畏) : 제1장 주 7 참조.

18) 18불공법(十八不共法) : 제1장 주 8 참조.

제3장
제자품(弟子品)
—
불제자들의 어려움

그때에 장자 유마힐이 병상에 누워 스스로 생각하였다. '세존께서 큰 자비로써 어찌 연민스럽게 여기는 마음을 내지 아니하시는가?'

부처님께서 그 뜻을 아시고 곧 사리불에게 말씀하셨다.

"그대는 유마힐에게 가서 문병하여라."

사리불이 부처님께 말씀드렸다.

"세존이시여, 저는 그분에게 가서 문병하는 일을 감당할 수 없습니다. 왜냐하면, 기억해 보니 제가 옛적에 일찍이 숲 속 나무 밑에서 좌선하고 있었는데 그때에 유마힐이 와서 말했습니다.

'여봐요, 사리불이여, 반드시 그렇게 앉아 있다고 해서 꼭 좌선이라고 하지 않습니다.

대저 좌선이란 삼계(三界)에 몸과 마음을 나타내지 않는 이것이 좌선입니다. 모든 것이 다 소멸해 버린 선정에서 일어나지 않고 온갖 위의(威儀)를 다 나타내는 이것이 좌선입니다. 도법(道法)을 버리지 않고 범부의 일을 다 나타내는 이것이 좌선입니다. 마음이 안에도 머물지 않고 또한 밖에도 머물지 않는 이것이 좌선입니다. 온갖 소견에도 움직이지 않고 「37조도품」을 수행하는 이것이 좌선입니다. 번뇌를 끊지 않고 열반에 드는 이것이 좌선입니다. 만약 능히 이처럼 좌선하는 사람이라야 부처님이 인가하는 바입니다.'라고 하였습니다.

세존이시여, 그때 저는 이 말을 듣고 묵묵히 가만히 있었습니다. 아무런 대답도 할 수가 없었습니다. 그러므로 저는 그분에게 가서 문병하는 일을 감당할 수가 없습니다."

부처님께서 대목건련(大目犍連)에게 말씀하셨다.

"그대가 유마힐에게 가서 문병하여라."

대목건련이 부처님께 말씀드렸다.

"세존이시여, 저는 그분에게 가서 문병하는 일을 감당할 수 없습니다. 왜냐하면, 기억해 보니 제가 옛적에 일찍이 비야리 대성(大城)에 들어가서 마을 길거리에서 여러 거사들을 위하여 설법하였습니다. 그때 유마힐이 저에게 와서 말하였습니다.

'여봐요, 대목건련이여, 백의거사(白衣居士)들을 위하여 설법하려면 스님이 설한 것과 같이해서는 옳지 않습니다.

대저 설법이란 마땅히 여법하게 설해야 합니다. 법에는 중생이 없으니 중생의 때(垢, 번뇌의 때)를 떠났기 때문입니다. 법에는 나(我)라는 것이 없으니 '나'라는 번뇌의 때(垢)를 떠났기 때문입니다. 법에는 수명이 없으니 생사를 떠났기 때문입니다. 법에는 인(人, 남, 타인이라는 차별의 식)이 없으니 전후가 끊어졌기 때문입니다.

법은 항상 고요하니 온갖 형상을 소멸하였기 때문입

니다. 법은 상(相, 현상)을 떠났으니 반연(絆緣)하는 바가 없기 때문입니다. 법에는 명자(名字, 명칭)가 없으니 언어가 끊어졌기 때문입니다. 법에는 설함이 없으니 지각하고 관찰함을 떠났기 때문입니다. 법에는 형상이 없으니 허공과 같기 때문입니다. 법에는 희론이 없으니 결국 공하기 때문입니다.

법에는 나의 것이 없으니 나의 것을 떠났기 때문입니다. 법에는 분별이 없으니, 모든 의식을 떠났기 때문입니다. 법에는 비교할 것이 없으니 상대가 없기 때문입니다. 법은 인(因)에도 속하지 않으니 연(緣)에도 속하지 않기 때문입니다.

법은 법성과 같으니 모든 법에 들어가기 때문입니다. 법은 진여를 따름이니 따르는 바가 없기 때문입니다. 법은 실제에 머무나니 모든 치우친 것에 움직이지 않기 때문입니다. 법은 동요(動搖)가 없으니 6진(六塵, 六境. 색·성·향·미·촉·법)을 의지하지 않기 때문입니다. 법은 거래가 없으니 항상 머물지 않기 때문입니다.

법은 공(空)을 수순하며 상(相) 없음[無相]을 수순하며 지음이 없음[無作]에 응합니다. 법은 아름다움과 추함을 떠났습니다. 법은 더하고 줄어듦이 없습니다. 법은 생기고 소멸함이 없습니다. 법은 돌아갈 바가 없습니다. 법은 눈·귀·코·혀·몸·마음을 지나갔습니다. 법은 높고 낮음이 없습니다. 법은 항상 머물러서 움직이지 아니합니다. 법은 일체의 관행을 떠났습니다.

여보시오, 대목건련이여, 법의 모습은 이와 같거늘 어찌 설할 수 있습니까?

대저 법을 설한다는 것은 설함도 없어야 하고[無說] 보임도 없어야 하며[無示], 그 법문을 듣는 사람은 들음도 없고 얻음도 없어야 합니다[無聞無得]. 비유하자면, 마술사가 마술로 만든 사람을 위해서 법을 설하는 것과 같습니다. 마땅히 이러한 뜻을 세워서 법을 설해야 할 것입니다.

또 마땅히 중생의 근기에 영리하고 둔함이 있음을 알아야 합니다. 지견이 훌륭하여 걸리는 바가 없어야 합니다. 큰 자비심으로 대승법을 찬탄하며, 부처님의 은혜 갚을 것을 생각해서 삼보의 맥이 끊어지지 않도록 법을 설해야 합니다.'라고 하였습니다.

유마힐이 이러한 법을 설하였을 때에 8백 명의 거사가 최상의 깨달음(아뇩다라삼먁삼보리)에 대한 마음을 내었습니다. 저는 이러한 변재(辯才)가 없습니다. 그러므로 저는 그분에게 가서 문병하는 일을 감당할 수가 없습니다."

부처님께서 대가섭(大迦葉)에게 말씀하셨다.

"그대가 유마힐에게 가서 문병하여라."

가섭이 부처님께 말씀드렸다.

"세존이시여, 저도 그분에게 가서 문병하는 일을 감당할 수 없습니다. 왜냐하면, 기억해 보니 제가 옛적에 가난한 마을에서 걸식(乞食)하고 있었는데 그때에 유마힐이 저에게 와서 말하였습니다.

'여보시오. 대가섭이여, 자비심은 있으나 넓지가 못해서 부잣집을 버리고 가난한 집에 가서 걸식하는가요?

가섭이여, 평등한 법에 머물러서 차례대로 걸식해야 합니다. 먹으나 먹지 아니함이 되기 때문에 걸식합니다. 화합상(和合相)을 깨뜨림이 되기 때문에 덩이로 된 밥[搏食][1]을 취합니다. 받아도 받지 아니함이 되기 때문에 그 밥을 받습니다. 텅 빈 마을이라는 생각으로 마을에 들어갑니다.

보는 사물에는 눈먼 사람과 같이 하고 듣는 소리에는 메아리와 같이 여깁니다. 맡는 향기는 바람과 같이 여기고 먹는 음식의 맛은 분별하지 아니합니다. 모든 감촉을 받아들이지만, 지혜로 아는 것과 같이하고 모든 법을 알지만, 환상과 같이 여겨야 합니다. 스스로 성품도 없으며 다른 이의 성품도 없으니, 본래는 저절로 그러한 것이 아니나 지금은 곧 없어진 것도 없습니다.

가섭이여, 만약 여덟 가지 삿된 것[八邪]²⁾을 버리지 않고서도 여덟 가지 해탈[八解脫]³⁾에 들어가며 삿된 모습[邪相]으로 정법에 들어갑니다.

한 그릇의 밥으로 모든 사람에게 베풀어서 여러 부처님과 여러 성현에게 공양한 뒤에 먹습니다. 이처럼 먹는 사람은 번뇌가 있지도 않으며 번뇌를 떠난 것도 아니며 선정에 들어감도 아니며 선정에서 일어남도 아니며 세간에 머묾도 아니며 열반에 머묾도 아닙니다.

음식을 베푸는 사람은 큰 복도 없고 작은 복도 없으며

이익도 되지 않고 손해도 되지 않으니 이것이 불도에 바로 들어감이 되고 성문을 의지하지 않는 것입니다. 가섭이여, 만약 이처럼 먹을 수 있으면 남이 베푼 음식을 헛되게 먹는 것이 되지 않습니다.'라고 하였습니다.

그때 저는 세존이시여, 이 말을 듣고 미증유(未曾有, 지금까지 들어 보지 못한 법문)를 얻었습니다. 곧 일체 보살에게 공경심을 깊이 일으키고 다시 이러한 생각을 하였습니다. '이분은 이름난 집안에 있으면서 변재(辯才, 설법)와 지혜가 능히 이와 같은데 그 누가 최상의 깨달음에 대한 마음을 일으키지 않겠는가? 나는 지금부터 다시는 다른 사람들에게 성문이나 벽지불의 행동을 권하지 않겠다.'라고 하였습니다. 그러므로 저는 그분에게 가서 문병하는 일을 감당할 수가 없습니다."

부처님께서 수보리에게 말씀하셨다.

"그대가 유마힐에게 가서 문병하여라."

수보리가 부처님께 말씀드렸다.

"세존이시여, 저도 그분에게 가서 문병하는 일을 감당할 수 없습니다. 왜냐하면, 기억해 보니 제가 옛적에 그

분의 집에 들어가서 걸식을 하였는데 그때 유마힐이 저의 발우를 가져다가 밥을 가득히 담아주고 저에게 이렇게 말하였습니다.

'여보시오. 수보리여, 만약 능히 음식에 평등한 사람이라면 모든 법에도 평등하며, 모든 법에 평등한 사람은 음식에도 평등합니다. 이처럼 걸식해야 음식을 취할(먹을) 수 있습니다.

수보리여, 음욕심과 분노와 어리석음을 끊지도 않고 또한 함께하지도 않습니다. 몸을 파괴하지도 않고 하나의 형상을 따릅니다. 어리석음과 애착을 없애지도 않고 밝은 지혜와 해탈을 일으킵니다. 오역죄의 모습으로서 해탈을 얻으며 또한 해탈도 아니고 속박도 아닙니다.

네 가지 진리[四諦, 苦集滅道]를 보지 않으나 그 진리를 보지 않은 것도 아니며, 결과를 얻지 않으나 결과를 얻지 않은 것도 아니며, 범부가 아니나 범부의 법을 떠난 것도 아니며, 성인이 아니나 성인이 아님도 아닙니다. 비록 일체 법을 성취하였으나 모든 법의 상을 떠나야 이에 음식을 취할 수 있습니다.

수보리여, 부처님을 보지 말고 법을 듣지도 말며 저 외도들의 6사(六師)[4)]인 부란나가섭(뿌라나)과 말가리구사이자(막깔리)와 산자야비라지자(산자야)와 아기다시사흠바라(아지따)와 가나구타가전연(빠꾸다)과 니건타야제자(니간타) 등이 그대의 스승이니 그들로 말미암아 출가하여 그들 스승이 떨어진 곳에 그대도 또한 떨어져야 이에 가히 음식을 취할 수 있습니다.

수보리여, 온갖 삿된 견해에 들어가서 저 언덕에 이르지 말며, 여덟 가지 어려움[八難][5)]에 머물러 어려움이 없음을 얻지 말며, 번뇌와 함께하여 청정한 법을 떠나십시오.

그대가 무쟁 삼매(無諍三昧)[6)]를 얻으면 일체 중생도 이러한 선정을 얻습니다. 그대에게 보시하면 복전이 되지 못하며 그대에게 공양하는 사람은 삼악도에 떨어집니다. 온갖 마군과 함께 손잡고 모든 번뇌의 벗이 됩니다. 그대는 온갖 마군과 모든 번뇌와 똑같고 다를 것이 없습니다.

일체 중생에게 원한의 마음이 있으며 모든 부처님을

비방하고 법을 헐뜯습니다. 대중의 단체에 들어가지 않고 마침내 열반도 얻지 말아야 하나니 그대가 만약 이와 같으면 비로소 가히 음식을 취할 수 있습니다.'라고 하였습니다.

그때에 저는 세존이시여, 이 말을 듣고 망연자실하여 이것이 무슨 말인지를 알지 못했으며 어떻게 답을 해야 할지를 알지 못해서 곧 발우를 두고 그 집에서 나오려고 했습니다.

그때 유마힐이 말하였습니다.

'여보시오. 수보리여, 발우를 가져가시고 두려워하지 마시오. 왜냐하면, 여래께서 변화하여 만든 사람이 만약 이 일을 따진다면 어찌 두려움이 있겠습니까?'라고 하여 저는 '두려움이 없습니다.'라고 하였습니다. 유마힐이 말하기를, 일체 모든 법이 환화(幻化)의 모습과 같으니 그대는 지금 두려워할 것이 없습니다.

왜냐하면, 일체의 언설이 이 환화의 모습을 떠나지 않았습니다. 지혜로운 사람들은 문자에 집착하지 않기 때문에 두려워하는 바가 없습니다. 왜냐하면, 문자의 본성을 떠나서 문자가 없는 것이 해탈입니다. 해탈의 모습이란 곧 모든 법입니다.'라고 하였습니다.

유마힐이 이러한 법을 설할 때에 2백 명의 천자(天子)들이 법안(法眼)이 청정함을 얻었습니다. 그러므로 저는 그분에게 가서 문병하는 일을 감당할 수가 없습니다."

부처님께서 부루나 미다라니자에게 말씀하셨다.

"그대가 유마힐에게 가서 문병하여라."

부루나가 부처님께 말씀드렸다.

"세존이시여, 저도 그분에게 가서 문병하는 일을 감당할 수 없습니다. 왜냐하면, 기억해 보니 제가 옛적에 큰 숲 속, 한 나무 밑에서 새로 배우는 여러 비구를 위하여 설법하고 있었습니다.

그때 유마힐이 저에게 와서 말하였습니다.

'여보시오. 부루나여, 먼저 선정에 들어가서 이 사람들의 마음을 관찰한 후에 설법해야 합니다. 더러운 음식으로써 보배로 된 그릇에 담아서는 안 됩니다. 비구들의 마음에 생각하는 바를 마땅히 알아야 합니다. 유리(琉璃)를 수정과 같이 취급해서는 안 됩니다. 그대가 능히 중생의 근원을 알지 못하면서 소승법으로써 일으켜서는 안 됩니다. 그에게는 스스로 상처가 없는데 구태여 상처를 내지 마십시오. 큰길을 가고자 한다면 작은 길을 보아서는 안 됩니다. 큰 바닷물을 소의 발자국에 넣을 수는 없습니다. 태양의 광명을 저 반딧불과 같이 생각하지 마십시오.

부루나여, 이들 비구는 오래 전에 대승의 마음을 내었으나 중간에 이 뜻을 잊어버린 것인데 어찌 소승법으로써 그들을 가르치십니까? 내가 소승법을 살펴보니 지혜가 미천한 것이 마치 맹인과 같아서 능히 일체 중생의 근기가 영리하고 둔한 것을 분별하지 못합디다.'라고 하였습니다.

그때에 유마힐이 곧 삼매에 들어가서 이 비구들로 하여금 스스로 숙명을 알게 하였습니다. 그들은 일찍이 5백 부처님의 처소에서 여러 가지 덕의 근본을 심어서 최상의 깨달음에 회향하였습니다. 즉시에 그 사실을 활연히 알고 다시 본심을 얻었습니다. 이에 여러 비구가 유마힐의 발에 머리 숙여 예배하였습니다. 그때에 유마힐은 그로 말미암아 그들에게 설법하여 최상의 깨달음에서 다시는 물러서지 않게 하였습니다.

제가 생각하니 성문(聲聞)들은 사람의 근기를 살펴볼 줄도 모르고 알맞게 법을 설하지도 못합니다. 그러므로 저는 그분에게 가서 문병하는 일을 감당할 수가 없습니다.”

부처님께서 마하가전연에게 말씀하셨다.

“그대가 유마힐에게 가서 문병하여라.”

가전연이 부처님께 말씀드렸다.

“세존이시여, 저도 그분에게 가서 문병하는 일을 감당할 수 없습니다. 왜냐하면, 기억해 보니 옛적에 부처님께서 여러 비구를 위하여 법의 요점을 간략하게 설명하셨는데 제가 곧 그 뒤에 더 알기 쉽게 자세히 설명하였습니다. 이를테면, 무상(無常)의 뜻이며 괴로움의 뜻이며 공(空)의 뜻이며 무아(無我)의 뜻이며 적멸의 뜻이라고 하였습니다.

그때에 유마힐이 저에게 와서 말하였습니다. ‘여보시오. 가전연이여, 생멸(生滅)하는 마음으로 실상의 법을 설하지 마십시오.

가전연이여, 모든 법은 마침내 불생불멸하는 것이 이 것이 무상(無常)의 뜻입니다. 5음(五陰)을 통달하여 텅 비어 고통이 일어나는 바가 없는 이것이 괴로움의 뜻입니다. 모든 법이 구경(究竟)에 있는 바가 없는 이것이 공(空)의 뜻입니다. 아(我)와 무아(無我)가 둘이 아닌 이것이 무아의 뜻입니다. 법은 본래 그렇지 않지만, 지금은 소멸하지 않음이 이것이 적멸의 뜻입니다.'라고 하였습니다. 이러한 법을 설할 때에 저 여러 비구가 마음에 해탈을 얻었습니다. 그러므로 저는 그분에게 가서 문병하는 일을 감당할 수가 없습니다."

부처님께서 아나율(阿那律)에게 말씀하셨다.

"그대가 유마힐에게 가서 문병하여라."

아나율이 부처님께 말씀드렸다.

"세존이시여, 저도 그분에게 가서 문병하는 일을 감당할 수 없습니다. 왜냐하면, 기억해 보니 제가 옛적에 한 곳에서 경행(徑行)하던 그때 범천왕이 있었습니다. 이름은 엄정이었으며 일만 명의 범천(梵天)들과 함께 청정한 광명을 놓으며 제가 있는 곳에 와서 머리 숙여 예배하고 저에게 물었습니다.

'아나율이여, 천안(天眼)으로 보는 바가 얼마나 됩니까?' 제가 곧 대답하였습니다. '어진 이여, 저는 석가모니 부처님의 국토인 삼천대천세계 보기를 마치 손바닥에 있는 암마륵(庵摩勒) 과일을 보는 것과 같이 한다.'라고 하였습니다.

그때에 유마힐이 저에게 와서 말하였습니다. '여보시오. 아나율이여, 천안으로 보는 것이 형상을 지음이 됩니까? 형상을 지음이 없습니까? 가령 형상을 짓는다면 곧 외도들의 다섯 가지 신통과 같고 만약 형상을 짓지 않는다면 즉시 작위(作爲)가 없음이라 응당히 봄[見]이 있지 않다.'라고 하였습니다.

세존이시여, 저는 그때에 묵묵히 아무 말을 못했습니다. 저 모든 범천이 그 말을 듣고 미증유를 얻어서 곧 예를 올리고 물었습니다. '세상에서 누가 진정한 천안을 얻은 사람입니까?'

유마힐이 말하였습니다. '부처님 세존이 참다운 천안

을 얻은 분입니다. 항상 삼매에서 모든 부처님의 국토를 다 보되 두 가지 모양이 아닌 것으로 본다.'라고 하였습니다. 이에 엄정범왕과 그리고 그 권속 5백 범천들이 모두 최상의 깨달음에 대한 마음을 내어서 유마힐의 발에 예배하고 나서 홀연히 사라졌습니다. 그러므로 저도 그 분에게 가서 문병하는 일을 감당할 수가 없습니다."

부처님께서 우바리에게 말씀하셨다.

"그대가 유마힐에게 가서 문병하여라."

우바리가 부처님께 말씀드렸다.

"세존이시여, 저도 그분에게 가서 문병하는 일을 감당할 수 없습니다. 왜냐하면, 기억해 보니 옛적에 두 비구가 계율을 범하고 부끄러워하여 감히 부처님께 묻지 못하고 저에게 와서 물었습니다.

'여보세요. 우바리여, 우리가 계율을 범하여 진실로 부끄럽습니다. 감히 부처님께 묻지 못하니 바라건대 의혹과 참회하는 법을 가르쳐서 이 허물을 면할 수 있게 하여 주십시오.'라고 하였습니다. 제가 곧 그들을 위하여 그 일을 여법하게 설명하였습니다.

그때 유마힐이 저에게 와서 말하였습니다.

'여보시오. 우바리여, 이 두 비구의 죄를 더는 무겁게 하지 말고 마땅히 곧바로 소멸하여 주시오. 그리고 그 마음을 흔들지 마시오.'

왜냐하면, 그 죄의 본성은 안에 있는 것도 아니며, 밖에 있는 것도 아니며, 중간에 있는 것도 아닙니다. 부처님이 말씀하신 바와 같이 마음이 더러운 까닭에 중생이 더럽고 마음이 청정한 까닭에 중생이 청정합니다. 그러나 그 마음 또한 안에 있는 것도 아니며 밖에 있는 것도 아니며 중간에 있는 것도 아닙니다. 마음이 그러한 것과 같이 죄의 더러움도 또한 그러하며 모든 법이 또한 그러하여 진여를 벗어나지 않습니다.

만약 우바리가 마음의 모습으로서 해탈을 얻었을 때에 더러움이 있을 수 있겠습니까? 제가 말하였습니다. '아닙니다.' 유마힐이 말하였습니다. '일체 중생 마음의 모습에 때가 없는 것도 또한 이와 같습니다.

우바리여, 망상이 더러움이요 망상 없음이 청정함이며, 전도가 더러움이요 전도되지 않음이 청정함입니다.

나를 취함이 더러움이요 나를 취하지 않음이 청정함입니다.

우바리여, 일체 법이 생기고 소멸하여 머물지 않음이 허깨비와 같고 번갯불과 같으며, 모든 법이 서로 상대하지 않으며 내지 한순간도 머물지 않습니다.

제법은 모두 허망하게 보는 것이라 꿈과 같고 불꽃과 같으며 물에 비친 달과 같으며 거울 속의 영상(映像)과 같아서 망상으로부터 생긴 것입니다. 이러한 것을 아는 사람은 참으로 계율을 받드는 것이 되며 이러한 것을 아는 사람은 참으로 잘 이해한 사람이라 합니다.' 이에 두 비구가 말하였습니다. '참으로 뛰어난 지혜로다. 우바리로서는 능히 미치지 못할 경지로다. 계율을 가장 잘 지키는 사람으로는 능히 말할 수 없는 경지로다.'라고 하였습니다.

제가 대답하였습니다.

'여래가 아닌 성문이나 보살들서는 능히 그의 변재(辯才, 언변, 설법)를 제압할 사람이 없었습니다. 그의 지혜가 밝게 통달한 것이 이와 같았습니다. 그때에 두 비구가 의

혹과 회한(悔恨)이 곧 없어져서 최상의 깨달음에 대한 마음을 내고 서원을 세워 일체 중생에게 모두 다 이러한 변재를 얻기를 발원하였습니다. 그러므로 저도 그분에게 가서 문병하는 일을 감당할 수가 없습니다."

부처님께서 라후라에게 말씀하셨다.

"그대가 유마힐에게 가서 문병하여라."

라후라가 부처님께 말씀드렸다.

"세존이시여, 저도 그분에게 가서 문병하는 일을 감당할 수 없습니다. 왜냐하면, 기억해 보니 옛적에 비야리성(城)의 여러 장자 아들들이 저의 처소에 와서 머리를 숙여 예배하고 물었습니다. '여보시오. 라후라여, 그대는 부처님의 아들입니다. 전륜왕의 지위를 버리고 출가하여 도를 닦으니 그 출가란 것은 무슨 이익이 있습니까?' 하고 물었습니다. 저는 곧 여법(如法)하게 출가한 공덕의 이익을 설명해 주었습니다.

그때에 유마힐이 저에게 와서 말하였습니다.

'여보시오. 라후라여, 그렇게 출가한 공덕의 이익을 말하지 마십시오. 왜냐하면, 이익도 없고 공덕도 없는 것이 출가입니다. 조작(造作)이 있는 법이란 이익도 있고 공덕도 있음을 이야기하지만, 대체로 출가라는 것은 무위(無爲)의 법입니다. 무위의 법 가운데는 이익도 없고 공덕도 없습니다.

라후라여, 대저 출가란 저것도 없고 이것도 없으며 또한 중간도 없습니다. 62종의 견해를 떠났으며 열반에 머무나니 지혜로운 이가 받아들일 바며 성인(聖人)들이 행할 바입니다. 온갖 마군(魔軍)을 항복 받고 5도(五道)[7]를 제도하였으며, 5안(五眼)[8]이 청정하고 5력(五力)[9]을 얻으며 5근(五根)[10]을 세워서 남에게 피해가 되지 아니하여 여러 가지 잡되고 나쁜 것들을 떠납니다. 온갖 외도(外道)를 다 꺾으며 거짓 이름을 초월하여 진흙에서 벗어나 얽매이거나 집착이 없습니다. 나의 것이 없으며 받아들이는 것도 없으며 흔들리고 어지러움도 없어 안으로는 기쁨을 머금고 다른 이의 뜻을 보호합니다. 선정을 따라서 온갖 허물을 떠남이니 만약 이와 같으면 이것이 참다운 출가입니다.'

이에 유마힐이 여러 장자의 아들들에게 말했습니다.

'그대들은 정법 가운데서 마땅히 함께 출가할 것이니 왜냐하면 부처님의 세상을 만나기 어렵기 때문입니다.'라고 하였습니다.

여러 장자의 아들들이 말하였습니다.

'거사님, 저희가 들으니 부처님께서 말씀하시기를, 부모가 허락하지 않으면 출가할 수가 없다고 하셨습니다.'

유마힐이 말했습니다. '그렇다. 그대들이 곧 최상의 깨달음에 대한 마음을 내면 이것이 곧 출가며, 이것이 곧 계를 구족한 것이니라.' 그때에 32명의 장자의 아들들이 모두 최상의 깨달음에 대한 마음을 내었습니다. 그러므로 저도 그분에게 가서 문병하는 일을 감당할 수가 없습니다."

부처님께서 아난에게 말씀하셨다.

"그대가 유마힐에게 가서 문병하여라."

아난이 부처님께 말씀드렸다.

"세존이시여, 저도 그분에게 가서 문병하는 일을 감당할 수 없습니다. 왜냐하면, 기억해 보니 옛적에 세존께서 몸에 작은 병이 있어서 우유를 꼭 써야 할 일이라 제가 곧 발우를 들고 큰 바라문의 집 문 앞에 서 있었습니다.

그때에 유마힐이 저에게 와서 말하였습니다.

'여보시오. 아난이여, 어찌하여 이른 새벽에 발우를 들고 여기에 계시오?' 저는 말하였습니다. '거사시여, 세존께서 몸에 작은 병이 있어서 꼭 우유를 써야 하기에 그래서 이곳에 왔습니다.'라고 하였습니다.

유마힐이 말하였습니다. '그만 말하시오. 그만 말하시오. 아난이여, 그런 말 하지 마시오. 여래의 몸이라는 것은 금강과 같은 몸입니다. 모든 악을 이미 끊었고 온갖 선을 다 모아서 가졌는데 무슨 병이 있겠습니까? 조용히 돌아가십시오.

아난이여, 여래를 비방하지 말며 다른 사람들이 이런 말 같지도 않은 말을 듣지 않도록 하십시오. 큰 위덕이 있는 여러 천신과 그리고 타방정토의 여러 보살로 하여금 이러한 말을 듣지 않도록 하십시오. 아난이여, 전륜성왕은 작은 복만으로도 오히려 병이 없는데 어찌 하물며 한량없는 복으로 널리 수승하신 여래께서 병이 있겠습니까? 돌아가십시오.

아난이여, 나로 하여금 이러한 수치를 받지 않도록 하십시오. 외도나 범지(梵志)들이 만약 이러한 말을 듣게 되면 마땅히 이런 생각을 하게 될 것입니다. 〈무엇을 이름하여 스승이라 하는가? 자신의 병도 능히 고치지 못하면서 어찌 다른 사람의 병을 고치는가?〉라고 할 것입니다. 어진 이여, 남몰래 빨리 돌아가시고 다른 사람들이 듣지 않도록 하십시오.

마땅히 아십시오. 아난이여, 모든 여래의 몸은 곧 법신이며 욕망을 생각하지 않는 몸입니다. 부처님은 세상의 어른이 되시어 삼계를 초월하였습니다. 부처님의 몸은 새어 흐르는 번뇌가 없습니다. 모든 새어 흐르는 번뇌가 다하였습니다. 부처님의 몸은 조작이 없습니다. 온갖 유위(有爲)의 제법에 떨어지지 않습니다. 이와 같은 몸에 무슨 병이 있겠습니까?'라고 하였습니다.

세존이시여, 저는 그때 진실로 부끄럽고도 부끄러웠습니다. 부처님을 가까이에 모셨으나 그동안 잘못 들은 것이 아닌가 하는 생각을 하였습니다. 바로 그때 허공중에서 소리가 들렸습니다. '아난이여, 거사의 말씀과 같으나 다만 부처님께서 오탁악세(五濁惡世)에 출현하셔서 병을 나타내어 보이신 것은 중생을 제도하기 위함이니 그대로 하십시오. 아난이여, 우유를 가지고 가는 것을 부끄러워하지 마십시오.'라고 하였습니다. 세존이시여, 유마힐의 지혜와 변재가 이와 같으므로 저도 그분에게 가서 문병하는 일을 감당할 수가 없습니다."

　이처럼 5백 명의 큰 제자가 각각 부처님을 향하여 그와의 본래의 인연을 이야기하며 유마힐이 말한 바를 털어놓고 모두 다 "그분에게 가서 문병하는 일을 감당할 수가 없습니다."라고 하였다.

1) 덩이로 된 밥[摶食] : 예부터 인도 사람들의 식사 풍속은 수저를 이용하지 않고 손으로 밥을 뭉쳐서 덩어리를 만들어서 먹는다. 유마 거사는 덩어리로 된 밥을 먹는 것은 회합상을 깨트리지 않기 위해서라고 말하고 있다.

2) 8사(八邪) : 8사란 8정도가 삿되게 된 것을 말한다. 즉 사견(邪見), 사사유(邪思惟)·사사(邪思), 사어(邪語), 사업(邪正業), 사명(邪命), 사정진(邪精進)·사근(邪勤), 사념(邪念), 사정(邪定)이다. 유마 거사는 기존의 가르침과는 달리 이 여덟 가지 삿된 것을 버리지 아니하여야 여덟 가지 바른 길인 8정도와 8해탈에 들어갈 수 있다는 것이다. 깨달음의 궁극적 차원에서는 정도(正道)와 사도(邪道)가 따로 없다는 뜻이다.

3) 여덟 가지 해탈[八解脫] : 즉 8해탈(八解脫). 내유색상관외색해탈(內有色想觀外色解脫) 등 8가지. 불교사전 참조.

4) 외도들의 6사(六師) : ①뿌라나 깟사빠(Purana Kassapa) : 도덕부정론자. 인과응보를 부정하고 윤리에 대한 회의를 표명하여 도덕이 필요 없다고 주장. ②막깔리 고살라(Makkhali Gosala) : 숙명론자. 흔히 사명외도(邪命外道)라 불리는 이 파(派)는 인간을 포함한 모든 생명체의 운명이 숙명적으로 결정되어 있다고 주장하였다. ③산자야 벨랏띠뿟따(Sanjaya Belattiputta) : 회의론자. 불가지론자(不可知論者). 진리를 있는 그대로 인식하고 서술하기란 불가능하다는 불가지론(不可知論)을 폈다. ④아지따

께사깜바린(Ajita Kesakambalin) : 유물론자. 도덕을 부정하고
현실의 쾌락이 인생의 목적이라고 주장, 순세파(順世派) 또는
사탕발림파라는 별명을 얻었다. ⑤빠꾸다 깟짜야나(Pakudha
Kaccayana) : 불멸론(不滅論)자. 생명은 태어나지도 죽지도 않는
다는 불생불멸을 주장하여 죽이는 자도 없고 죽는 자도 없으
며 가르치는 자도 없고 가르침을 받는 자도 없다고 하였다. ⑥
니간타 나따뿟따(Nigantha Nataputta) : 자이나교를 창시하였다.
이원론(二元論)을 주장하고, 인내를 강조하는 극단적인 고행과
생명에 대한 경외를 강조.

5) 여덟 가지 어려움[八難] : 8난(八難)이란 불교의 정법을 배우는
데 장애가 되는 여덟 가지 조건을 말한다. 곧 지옥(地獄), 축생
(畜生), 아귀(餓鬼), 장수천(長壽天), 맹롱음아(盲聾瘖瘂), 울단월
(鬱單月), 세지변총(世智辨聰), 생재불전불후(生在佛前佛後)다.

6) 무쟁 삼매(無諍三昧) : 다툼이 없고 번뇌가 없고 욕심이 없고 갈
등이 없는 삼매

7) 5도(五道) : 지옥도(地獄道), 아귀도(餓鬼道), 축생도(畜生道), 인
도(人道), 천도(天道).

8) 5안(五眼) : 육안(肉眼). 천안(天眼). 혜안(慧眼). 법안(法眼). 불안
(佛眼).

9) 5력(五力) : 신력(信力), 정진력(精進力), 염력(念力), 정력(定力), 혜
력(慧力).

10) 5근(五根) : 신근(信根), 정진근(精進根), 염근(念根), 정근(定根),
혜근(慧根).

제4장

보살품(菩薩品)

보살들의 어려움

이에 부처님께서 미륵보살에게 말씀하셨다.

"그대가 유마힐에게 가서 문병하여라."

미륵이 부처님께 말씀드렸다.

"세존이시여, 저도 그분에게 가서 문병하는 일을 감당할 수 없습니다. 왜냐하면, 기억해 보니 저도 옛적에 도솔천왕과 그의 권속들을 위하여 퇴전하지 않는 지위에 대한 수행을 설하였습니다.

그때에 유마힐이 저에게 와서 말하였습니다.

'미륵이여, 세존께서 당신에게 수기(授記, 예언)하시기를, 〈일생에 마땅히 최상의 깨달음을 얻으리라.〉하셨으니 어느 생으로 수기를 얻었습니까? 과거입니까? 미래입니까? 현재입니까? 만약 과거 생(生)이라면 과거 생은 이미 소멸하였고, 만약 미래 생이라면 미래 생은 아직 오지 않았고, 만약 현재 생이라면 현재 생은 머물지 않습니다. 부처님께서 설하신 바와 같이 〈비구여, 그대는 지금 이 순간 또한 생기며 또한 늙으며 또한 소멸한다.〉하셨습니다.

만약 무생으로서 수기를 얻는 것이라면 무생은 곧 정위(正位)라서 정위 중에는 수기가 없습니다. 또한 최상의 깨달음을 얻음도 없습니다. 어떻게 미륵이 일생의 수기를 받을 수 있겠습니까?

여(如)로부터 생겨서 수기를 얻은 것입니까? 여(如)로부터 소멸해서 수기를 얻은 것입니까? 만약 여(如)로부터 생겨서 수기를 얻은 것이라면 여(如)는 생김이 없으며, 만약 여(如)로부터 소멸함으로 수기를 얻은 것이라면 여(如)는 소멸이 없으니 일체 중생이 다 여(如)입니다. 일체 법도 또한 다 여(如)입니다. 모든 성현도 역시 여(如)입니다.

미륵이라 하더라도 또한 여(如)입니다. 만약 미륵이 수기를 받은 것이라면 일체 중생도 또한 응당히 수기를 받을 것입니다. 왜냐하면, 대체로 여(如)란 두 가지가 아니며 다른 것도 아니기 때문입니다.

만약 미륵이 최상의 깨달음을 얻었을 진댄 일체 중생도 모두 응당히 얻을 것입니다. 왜냐하면, 일체 중생이 곧 보리의 모습이기 때문입니다.

만약 미륵이 멸도(滅度)를 얻었을진댄 일체 중생도 또한 응당히 멸도를 얻었을 것입니다. 왜냐하면 모든 부처님은 일체 중생이 마침내 적멸해서 곧 열반의 모습을 보이기에 더는 열반할 것이 아님을 알기 때문입니다. 그러므로 미륵이여, 이러한 법으로써 모든 천자를 가르치지 마십시오. 실로 최상의 깨달음에 대한 마음을 낸 사람도 없으며, 또한 최상의 깨달음에서 물러선 사람도 없습니다.

미륵이여, 마땅히 이 모든 천자로 하여금 보리(菩提, 깨달음)를 분별하는 견해를 버리게 하십시오. 왜냐하면 보리라는 것은 몸으로 얻는 것도 아니며 마음으로 얻는 것도 아니기 때문입니다.

 적멸이 보리이니 모든 상을 소멸하였기 때문입니다. 관찰하지 않음이 보리이니 모든 인연을 떠났기 때문입니다. 행하지 않음이 보리이니 기억하여 생각함이 없기 때문입니다. 끊음이 보리이니 모든 견해를 버렸기 때문입니다. 떠남이 보리이니 모든 망상을 떠났기 때문입니다. 막음이 보리이니 모든 원을 막았기 때문입니다. 들어가지 않음이 보리이니 탐욕과 집착이 없기 때문입니다.

 수순함이 보리이니 여(如)를 수순하기 때문입니다. 머무름이 보리이니 법성에 머무르기 때문입니다. 이름이 보리이니 실제에 이르기 때문입니다. 둘이 아님이 보리이니 의식과 법을 떠났기 때문입니다. 평등이 보리이니 허공과 평등하기 때문입니다. 무위(無爲)가 보리이니 생기고 머물고 소멸함이 없기 때문입니다. 앎이 보리이니 중생의 마음 움직임을 알기 때문입니다. 알지 못함이 보리이니 모든 6입(六入, 眼·耳·鼻·舌·身·意)이 알지 못하기 때문입니다. 합하지 아니함이 보리이니 번뇌와 습기를 떠났기 때문입니다. 처소가 없음이 보리이니 형색이 없기 때문입니다.

거짓 이름이 보리이니 명자(名字)가 공(空)하기 때문입니다. 변화가 보리이니 취하고 버림이 없기 때문입니다. 어지러움이 없음이 보리이니 항상 스스로 고요하기 때문입니다. 매우 고요함이 보리이니 본성이 청정하기 때문입니다. 취함이 없음이 보리이니 반연(絆緣)을 떠났기 때문입니다. 다름이 없음이 보리이니 모든 법이 평등하기 때문입니다. 비교할 바 없음이 보리이니 비유할 수 없기 때문입니다. 미묘함이 보리이니 모든 법을 알기 어렵기 때문입니다.'라고 하였습니다.

세존이시여, 유마힐이 이러한 법을 설할 때에 2백 명의 천자(天子)가 모두 생멸이 없는 진리[無生法忍]를 얻었습니다. 그러므로 저는 그분에게 가서 문병하는 일을 감당할 수가 없습니다."

부처님께서 광엄(光嚴) 동자에게 말씀하셨다.

"그대가 유마힐에게 가서 문병하여라."

광엄 동자가 부처님께 말씀드렸다.

"세존이시여, 저도 그분에게 가서 문병하는 일을 감당

할 수 없습니다. 왜냐하면, 기억해 보니 저도 옛적에 비야리 대성(大城)에서 나오는데 그때 마침 유마힐이 막 성으로 들어오고 있었습니다. 제가 곧 예배하고 거사에게 물었습니다. '거사님, 어디에서 오십니까?' 저에게 대답하였습니다. '나는 도량(道場)으로부터 옵니다.' 저는 또 물었습니다. '도량이란 어디입니까?' 그가 대답하였습니다.

'곧은 마음이 도량이니 헛되거나 거짓됨이 없기 때문입니다.'

행동에 옮기는 것이 도량이니 능히 일을 분별하기 때문입니다. 깊은 마음이 도량이니 공덕을 증익하기 때문입니다. 보리심이 도량이니 그릇되거나 어긋남이 없기 때문입니다.

보시(布施)가 도량이니 보답을 바라지 않기 때문입니다. 지계가 도량이니 서원(誓願)이 구족함을 얻기 때문입니다. 인욕(忍辱)이 도량이니 모든 중생에게 마음이 걸림이 없기 때문입니다. 정진(精進)이 도량이니 게으르지 않기 때문입니다. 선정(禪定)이 도량이니 마음이 조화롭고 부드럽기 때문입니다. 지혜(智慧)가 도량이니 모든 법을 환하게 보기 때문입니다.

사랑이 도량이니 중생을 평등하게 생각하기 때문입니다. 어여삐 여김이 도량이니 지치고 괴로움을 참기 때문입니다. 기쁨이 도량이니 기쁘고 즐거움의 법이기 때문입니다. 주는 것이 도량이니 미움과 애착이 끊어졌기 때문입니다.

신통(神通)이 도량이니 여섯 가지 신통을 성취하기 때문입니다. 해탈(解脫)이 도량이니 능히 편안하여 집착이 없기 때문입니다. 방편(方便)이 도량이니 중생들을 교화하기 때문입니다. 4섭법(四攝法)[1]이 도량이니 중생을 거두어들이기 때문입니다.

많이 듣는 것이 도량이니 들은 대로 행하기 때문입니다. 항복 받은 마음이 도량이니 모든 법을 바르게 관찰하기 때문입니다. 「37도품(三十七道品)」[2]이 도량이니 유위(有爲)의 법을 다 버리기 때문입니다.

4제(四諦, 고집멸도)가 도량이니 세간을 속이지 않기 때문입니다. 12연기(十二緣起)가 도량이니 무명(無明)에서 늙고 병듦에 이르기까지 모두 다함이 없기 때문입니다.

모든 번뇌가 도량이니 사실과 같이 알기 때문입니다. 중생이 도량이니 무아(無我)를 알기 때문입니다. 일체 법이 도량이니 모든 법이 공(空)함을 알기 때문입니다.

마군을 항복 받음이 도량이니 기울거나 움직이지 않기 때문입니다. 삼계가 도량이니 나아갈 바가 없기 때문입니다.

사자후가 도량이니 두려워할 것이 없기 때문입니다. 열 가지 힘[十力]³⁾과 네 가지 두려움 없음[四無畏]⁴⁾과 열여덟 가지 특별한 법[十八不共法]⁵⁾이 도량이니 모든 허물이 없기 때문입니다. 3명(三明)⁶⁾이 도량이니 다른 장애가 없기 때문입니다. 한순간에 일체 법을 아는 것이 도량이니 일체 지혜를 성취하기 때문입니다.

이와 같아서 선남자여, 보살이 만약 모든 바라밀에 맞추어 중생을 교화하면 모든 하는 일과 발을 들고 발을 내림이 마땅히 다 도량에서 온 것임을 알아서 불법에 머무는 것입니다.'라고 하였습니다. 이러한 법을 설할 때에 5백 명의 천인(天人)들이 다 같이 최상의 깨달음에 대한 마음을 내었습니다. 그러므로 저는 그분에게 가서 문병하는 일을 감당할 수가 없습니다."

부처님께서 지세(持世) 보살에게 말씀하셨다.

"그대가 유마힐에게 가서 문병하여라."

지세 보살이 부처님께 말씀드렸다.

"세존이시여, 저도 그분에게 가서 문병하는 일을 감당할 수 없습니다. 왜냐하면, 기억해 보니 저도 옛적에 조용한 방에 있었을 때 마왕(魔王) 파순이 1만 2천명의 천녀(天女)들을 거느리고 왔는데 그 모습이 마치 제석천왕과 같았습니다. 음악을 연주하고 노래를 부르며 제가 있는 곳으로 와서 그들의 권속들과 함께 저의 발에 머리 숙여 예배하고 합장 공경하여 한편에 서 있었습니다.

저는 생각에 제석천이라고 여기고 그에게 말하였습니다.

'잘 오셨습니다. 교시가(憍尸迦)여, 비록 복을 소유하고 있다고 하나 마땅히 무례하고 오만하게 행동하지 마시오. 마땅히 5욕이 무상(無常)함을 살펴서 선(善)의 근본을 구할 것이며 몸과 목숨과 재물에 견고한 법을 닦으십시오.'라고 하였더니 곧 저에게 말하였습니다.

'지세(持世) 보살님, 이 1만 2천의 천녀(天女)들을 드리오니 받아서 먼지를 쓸고 물을 뿌리고 청소하는 일을 시키십시오.'라고 하였습니다. 제가 곧 말하기를, '교시가여, 이 법답지 못한 사람들로 사문이며 부처님 제자에게 요구하지 말지니 이는 저의 마땅한 바가 아닙니다.'라고 하였습니다.

그 말이 채 끝나기도 전에 그때 유마힐이 저에게 와서 말하였습니다. '이는 제석천이 아닙니다. 마왕 파순이 변장하고 와서 오로지 그대를 희롱할 뿐입니다.'라고 하고는 마왕에게 말하기를, '이 모든 천녀들을 나에게 주면 내가 다 받을 것이다.'라고 하였습니다. 마왕 파순이 곧 놀라고 두려워서 생각하기를, '유마힐이 장차 나를 괴롭히지 않을까?' 하여 그 모습을 숨기고자 하였으나 숨지 못했습니다. 모든 신통력을 다하여도 숨길 수가 없었습니다.

그런데 곧이어 공중에서 나는 소리를 들으니 '파순(波旬)이여, 천녀(天女)들을 유마힐에게 주어야 떠나갈 수 있을 것이다.'라고 하였습니다. 마왕이 두려워하면서 하는 수 없이 천녀들을 주었습니다.

그때 유마힐이 여러 천녀에게 말하였습니다.

'마왕이 그대들을 나에게 주었으니 지금 그대들은 모두 최상의 깨달음에 대한 마음을 내어라.'라고 하였습니다. 그리고는 곧 알맞은 바에 따라 그들을 위하여 법을 설하여 도(道)에 대한 마음을 내게 하고는 다시 말하였습니다. '그대들이 이미 도에 대한 마음을 내었으니 법의 즐거움으로 스스로 즐길 것이며, 다시는 5욕락으로 즐기지 마라.'라고 하였습니다.

천녀가 곧 물었습니다. "무엇이 법의 즐거움입니까[法樂]?"

유마 거사가 답하였습니다.

"법의 즐거움은 항상 부처님을 믿는 것이다. 법의 즐거움은 법문을 듣고자 하는 것이다. 법의 즐거움은 대중을 공양하는 것이다. 법의 즐거움은 5욕락(五慾樂)을 떠나는 것이다. 법의 즐거움은 5음(五陰)을 원수나 도적처럼 관찰하는 것이다. 법의 즐거움은 지수화풍 4대(四大, 地·水·火·風)를 독사로 관찰하는 것이다. 법의 즐거움은 밖의 경계로부터 들어오는 온갖 감정[內入]을 텅 빈 마을과 같이 관찰하는 것이다.

법의 즐거움은 도에 대한 뜻을 잘 보호하는 것이다. 법의 즐거움은 중생을 유익하게 하는 것이다. 법의 즐거움은 스승을 공경하고 봉양하는 것이다. 법의 즐거움은 보시를 널리 행하는 것이다. 법의 즐거움은 계행을 굳게 지키는 것이다. 법의 즐거움은 욕됨을 참고 부드럽고 친화하는 것이다. 법의 즐거움은 선근을 부지런히 모으는 일이다. 법의 즐거움은 선정(禪定)에 들어 어지럽지 않은 것이다. 법의 즐거움은 번뇌를 떠나고 지혜를 밝히는 일이다. 법의 즐거움은 보리심을 넓히는 일이다.

법의 즐거움은 온갖 마군을 항복 받는 일이다. 법의 즐거움은 모든 번뇌를 끊는 일이다. 법의 즐거움은 불국토를 청정하게 하는 일이다. 법의 즐거움은 32상(三十二相)과 80종호(八十種好)를 성취하기 위해서 모든 공덕을 닦는 일이다. 법의 즐거움은 도량을 장엄하는 일이다.

법의 즐거움은 깊은 법문을 들어도 두려움이 없는 일이다. 법의 즐거움은 [공(空)과 무상(無相)과 무작(無作)이라는] 3해탈을 얻어서 (수행의 결과가 나타나기 전까지는) 아직 때가 아닌 것을 즐기지 않는 것이다. 법의 즐거움은 함께 수행하는 사람을 가까이하는 것이다. 법의 즐거움은 함께 수행하지 않는 사람과 함께 있어도 마음에 걸림이 없는 것이다.

법의 즐거움은 악지식(惡知識)을 거느려 보호하는 일이다. 법의 즐거움은 선지식(善知識)을 친히 가까이하는 일이다. 법의 즐거움은 마음에 청정을 기뻐하는 일이다. 법의 즐거움은 한량없는 도품(道品)의 법들을 닦는 것이다. 이와 같은 것들이 보살의 법의 즐거움이다."라고 하였습니다.

이에 파순(波旬)이 여러 천녀에게 말하였습니다.

"나는 그대들과 천궁(天宮)으로 돌아가려 하노라."

여러 천녀가 말하였습니다.

"우리를 거사님에게 주었으므로 법의 즐거움이 있어서 우리는 매우 즐겁습니다. 다시는 세속의 5욕락(五欲樂)으로 즐기지 않을 것입니다." 마왕 파순이 거사에게 말하였습니다. "거사님, 이 천녀들을 놓아주소서. 일체의 소유를 다른 사람에게 베푸는 것이 보살입니다." 유마힐이 말하였습니다. "나는 이미 버렸으니 그대는 곧 데리고 가서 일체 중생에게 법의 소원이 구족하게 하여라."

이에 여러 천녀가 유마 거사에게 물었습니다.

"우리가 어떻게 마왕의 궁전에 머물러야 합니까?" 유마힐이 말하였습니다. "여러 동생이여, 법문이 있으니 다함이 없는 등불[無盡燈]이니라. 그대들은 마땅히 배울지니라. 다함이 없는 등불이란 비유하자면 하나의 등불이 백 천(百千)의 등불을 밝혀서 어둠을 다 밝게 하되 그 밝음이 마침내 다하지 않는 것이다. 이처럼 여러 동생이여, 한 보살이 백 천 중생을 가르쳐서 최상의 깨달음에 대한 마음을 내게 하되 그 도(道)는 또한 소멸해 버리지 아니하며 설하는 바의 법을 따라서 저절로 일체 법을 더욱 불어나게 하는 것, 이것이 이름이 다함이 없는 등불이니라."

"그대들은 비록 마(魔)의 궁전에 머물더라도 이 다함 없는 등불[無盡燈]을 활용하여 무수한 천자와 천녀들에게 최상의 깨달음에 대한 마음을 발하게 한다면 부처님의 은혜를 갚는 것이 될 것이며, 또한 일체 중생을 크게 요익하게 할 것이다."라고 하였습니다.

그때에 천녀들이 머리로써 유마 거사의 발에 예배하고 마왕을 따라 궁전으로 돌아가서 홀연히 보이지 않았습니다.

세존이시여, 유마힐이 이처럼 자재한 신력과 지혜와 변재가 있습니다. 그러므로 저는 그분에게 가서 문병하는 일을 감당할 수가 없습니다.

부처님이 장자의 아들 선덕에게 말씀하셨다.

"그대가 유마힐에게 가서 문병하여라."

선덕이 부처님께 말씀드렸다.

"세존이시여, 저도 또한 감히 그분에게 가서 문병하는 일을 감당할 수가 없습니다. 왜냐하면, 생각해 보니 저도 옛날에 아버지 집에서 큰 보시 모임을 열어서 모든 사문들과 바라문과 여러 외도와 빈궁한 사람들과 하천한 사람들과 고독한 사람들과 걸인들에게 7일 동안 공양을 베풀었습니다."

그때에 유마힐이 보시의 모임에 들어와서 저에게 말

하였습니다.

"장자의 아들이여, 대저 큰 보시 모임이란 그대가 하듯이 해서는 안 됩니다. 마땅히 법을 보시하는 모임을 해야 합니다. 어찌하여 이런 재물을 보시하는 모임을 하였소?"라고 하였습니다. 저는 거사에게 말하였습니다. "무엇이 법을 보시하는 모임입니까?" 그는 대답하였습니다. "법을 보시하는 모임이란 앞도 없고 뒤도 없으며 일시에 일체 중생에게 공양하는 것을 일러 법을 보시하는 모임이라고 합니다."

"그것은 어떤 것입니까?"

"이를테면 보리로써 사랑하는 마음[慈心]을 일으키는 것입니다. 중생을 구제하는 것으로써 크게 연민하게 여기는 마음[大悲心]을 일으키는 것입니다. 바른 법을 가짐으로써 기쁜 마음을 일으키는 것입니다. 지혜를 굳건히 유지함으로써 차별심을 버리고 평등한 마음을 행하는 것입니다.

아끼고 탐하는 마음을 거두어들임으로써 보시바라밀을 일으키는 것입니다. 계율을 범하는 것을 교화함으로

써 지계바라밀을 일으키는 것입니다. 무아법(無我法)으로
써 인욕바라밀을 일으키는 것입니다. 몸과 마음의 상(相)
을 떠남으로써 정진바라밀을 일으키는 것입니다. 보리의
상(相)으로써 선정바라밀을 일으키는 것입니다. 일체의
지혜로써 반야바라밀을 일으키는 것입니다.

중생을 교화하나 텅 비어 없는 데서 하는 것입니다.
유위법(有爲法, 모든 현상계)을 버리지 아니하나 상(相)이
없음에서 하는 것입니다. 태어남을 보이나 지음이 없음
에서 하는 것입니다. 정법을 보호하면서 방편의 힘을 일
으키는 것입니다. 중생을 제도함으로써 4섭법(四攝法)을
일으키는 것입니다. 일체 중생을 공경하여 섬김으로써
아만을 제거하는 법을 일으키는 것입니다. 몸과 목숨과
재산에서 세 가지 견고한 법을 일으키는 것입니다. 여섯
가지 생각하는 것[六念]⁷⁾에서 생각하는 법을 일으키는
것입니다.

6화경(六和敬)⁸⁾으로써 질박하고 정직한 마음을 일으
키는 것입니다. 선한 법을 바르게 행함으로써 청정한 생
활을 하는 것입니다. 마음이 청정하고 늘 기뻐함으로써

현인(賢人)과 성인을 가까이하는 것입니다. 악한 사람을 미워하지 아니함으로써 자신을 굴복시키는 마음을 내는 것입니다.

출가(出家)의 법으로써 깊은 마음을 일으키는 것입니다. 말씀과 같이 행함으로써 많이 들어 아는 다문(多聞)을 일으키는 것입니다. 다툼이 없는 법으로써 텅 비고 한가한 곳[空閑處]을 일으키는 일입니다.

부처님의 지혜에 향함으로써 좌선을 하는 것입니다. 중생의 속박을 풀어줌으로써 수행을 하는 것입니다. 32상과 80종호를 갖추고 불국토를 청정하게 함으로써 복과 덕의 업을 닦는 것입니다.

일체 중생의 마음을 알아서 그들에게 맞추어 설법함으로 지업(智業)[9]을 일으키는 것입니다. 일체 법이 취할 것도 아니고 버릴 것도 아님을 알아서 하나의 모양으로 들어가 혜업(慧業)을 일으키는 것입니다. 일체 번뇌와 일체 장애와 일체 선하지 않은 법을 끊어서 일체 선업(善業)을 일으키는 것입니다. 일체 지혜와 일체 선법(善法)을 얻음으로써 일체의 불도(佛道)를 돕는 법을 일으키는 것입니다.

선남자여, 이것이 법을 보시하는 모임입니다. 만약 보살이 이러한 법을 보시하는 모임에 머무는 사람은 대시주(大施主)가 되며 또한 일체 세간의 복전(福田)이 됩니다.”

“세존이시여, 유마힐이 이러한 법을 설할 때에 바라문의 대중 중에 2백 명이 최상의 깨달음에 대한 마음을 내었습니다. 저는 그때에 마음이 청정하여지고 미증유함을 찬탄하면서 유마힐의 발에 머리를 숙여 예배하고 곧바로 가치가 백 천이나 되는 영락을 풀어서 바쳤는데 기꺼이 받지 않았습니다. 저는 말하였습니다. ‘거사님, 바라건대 받아들이십시오. 그리고 마음대로 사용하십시오.’

유마힐 거사가 이에 영락(瓔珞)을 받아서 둘로 나누어 하나는 이 법회에서 가장 가난한 걸인에게 주고 하나는 저 난승(難勝) 여래에게 바쳤습니다. 일체 대중이 모두 광명국토의 난승 여래를 친견하였습니다. 또한 영락이 저 부처님 위에서 네 개의 보배 기둥으로 변하여 사면(四面)에 장엄하였으나 서로 가리지 않았습니다.

그때에 유마힐이 신통 변화를 일으키고 나서 또 이런 말을 하였습니다.

'만약 시주가 평등한 마음으로 가장 가난한 걸인에게 보시하면 마치 여래에게 보시한 복과 같아서 다름이 없습니다. 큰 자비를 평등하게 행하고 과보를 구하지 아니하면 이것이 이름이 구족한 보시입니다.'

성(城) 중에 있는 가장 가난한 걸인이 이러한 신력(神力)을 보고 그 말을 듣고는 최상의 깨달음에 대한 마음을 내었습니다. 그러므로 저는 유마힐에게 가서 문병하는 일을 감당할 수 없습니다."

이처럼 모든 보살이 각각 부처님을 향하여 그 본래의 인연을 설명하며 유마힐이 말한 것을 전하고 모두 다 말하기를, "그분에게 가서 문병하는 일을 감당하지 못하겠습니다."라고 하였습니다.

주

•

1) 4섭법(四攝法) : 제1장 주 13 참조.

2) 37도품(三十七道品) : 제1장 주 14 참조.

3) 열 가지 힘[十力] : 제1장 주 6 참조.

4) 네 가지 두려움 없음[四無畏] : 제1장 주 7 참조.

5) 열여덟 가지 특별한 법[十八不共法] : 제1장 주 8 참조.

6) 3명(三明) : ①천안명(天眼明, 천안통). ②숙명명(宿命明, 숙명통). ③누진명(漏盡明, 누진통).

7) 여섯 가지 생각하는 것[六念] : ①부처님을 생각하는 것[念佛]. ②부처님 가르침을 생각하는 것[念法]. ③부처님 제자들을 생각하는 것[念僧]. ④계율을 생각하는 것[念戒]. ⑤보시를 생각하는 것[念施]. ⑥하늘의 일을 생각하는 것[念天]을 말한다.

8) 6화경(六和敬) : 불교 교단의 가장 기본적인 계율이며, 사원 생활에서 생기는 불화나 분열을 막는 역할을 한다. 불·법·승 삼보 가운데 승을 승가(僧伽), 또는 '화합중(和合衆)'이라고 번역하는데, 이는 6화경을 실천하는 사람들이 모인 단체라는 뜻이다. 첫째, 신화동주(身和同住)는 몸으로 화합하여 같이 살라는 말이다. 둘째, 구화무쟁(口和無諍)은 입으로 화합하여 다투지 말라는 말이다. 셋째, 의화동사(意和同事)는 뜻으로 화합해 함께 일하라는 뜻이다. 넷째, 계화동수(戒和同修)는 계율로 화합하여 같이 수행하라는 말이다. 다섯째, 견화동해(見和同解)는 바른 견해로 화합하여 같이 이해하며 살라는 뜻이다. 여섯째, 이화

동균(利和同均)은 이익을 균등히 나누라는 말이다.

9) 지업(智業) : 깨달음, 직관적 지식, 완전히 아는 것, 이해 등을 의미한다. 설법자는 사람들의 근기와 수준 등을 잘 헤아려서 거기에 맞춰서 해야 한다. 그것이 지혜다. 혜업(慧業)이란 바른 이해에 의한 분별과 판단력이다. 즉 도리나 사물을 분별하고 판단하는 마음 작용이다.

제5장
문수사리문질품(文殊師利問疾品)
—
문수보살의 문병

그때에 부처님께서 문수사리에게 말씀하셨다.

"그대가 유마힐에게 가서 문병하여라."

문수사리가 부처님께 말씀드렸다.

"세존이시여, 저 상인(上人, 유마힐)에게는 대답하기가 매우 어렵습니다. 그는 실상을 깊이 통달하여 법요를 잘 설하며 변재가 막힘이 없습니다. 지혜가 걸림이 없으며 일체 보살의 법식을 다 압니다. 모든 부처님의 비밀스러운 법장(法藏)에 다 들어가며 모든 마군을 항복받아서 신통에 잘 노닐며 그 지혜와 방편을 이미 다 이뤘습니다.

비록 그러하나 마땅히 부처님의 성스러운 뜻을 받들어 그분에게 가서 문병하겠습니다."

대중 가운데 여러 보살과 큰 제자들과 제석천과 범천과 사천왕이 다 같이 이런 생각을 하였다. '지금 두 대사인 문수사리와 유마힐이 함께 이야기를 나누면 반드시 묘법을 말할 것이다' 하고는 곧 8천 명의 보살과 5백 명의 성문과 백천 천인(天人)이 다 따라가고자 하였다. 이에 문수사리가 여러 보살과 큰 제자들과 모든 천인에게 공경히 둘러싸여서 비야리 대성(大城)에 들어갔다.

그때에 장자 유마힐이 마음으로 생각하기를, '지금 문수사리 보살이 대중과 함께 오고 있을 것이다'라고 생각하여 곧 신통력으로 그의 집안을 모두 비우고 온갖 소유물들과 여러 시자(侍子)도 다 없애고 오직 평상만 하나 놓아두고 병을 앓으며 몸져 누워 있었다. 문수사리가 그의 방에 들어가니 침상 하나만 홀로 있었다.

그때에 유마힐이 말하였다.

"잘 오셨습니다. 문수사리여, 오지 않고 오셨으며 보지 않고 봅니다."

문수사리가 말하였다.

"그렇습니다. 거사여, 만약 와버렸다면 다시는 오지 못하며, 만약 가버렸다면 다시는 가지 못합니다. 왜냐하면 오는 사람은 어디에서 오는 바가 없으며 가는 사람은 이를 곳이 없으며 볼 것이 있는 사람은 다시는 보지 못하기 때문입니다. 그러나 이 일은 잠시 이쯤에서 그만두겠습니다.

거사여, 병은 참을 만합니까? 치료는 차도가 있습니까? 더 심하지는 않습니까? 세존께서 한량없이 간곡하게 물으셨습니다. 거사여, 이 병은 무슨 원인으로 생긴 것입니까? 병이 난 지는 얼마나 되었습니까? 어떻게 하면 나을 수 있습니까?"

유마힐이 말하였다.

"어리석음으로부터 애착이 있어서 나의 병이 생긴 것입니다. 일체 중생이 병이 들었기 때문에 나도 또한 병이 들었습니다. 만약 일체 중생의 병이 나으면 나의 병도 나을 것입니다. 왜냐하면 보살은 중생을 위해서 생사에 들어가기 때문입니다. 생사가 있으면 병이 있지만, 만약 중생이 병이 없어지면 보살도 병이 없어집니다.

비유하자면 장자에게 오직 아들이 하나 있는데 그 아들이 병이 들었으면 부모도 또한 병이 들고, 만약 아들이 병이 나으면 부모도 또한 병이 낫는 것과 같습니다. 보살도 또한 그와 같아서 모든 중생을 사랑하기를 아들과 같이 합니다. 중생이 아프면 보살도 아프고 중생이 병이 나으면 보살도 또한 낫습니다. 또 말하기를 병이 왜 생겼느냐고 하였는데 보살의 병은 큰 연민의 마음으로 생긴 것입니다."

문수사리가 말하였다.

"거사여, 이 방이 왜 텅 비어서 시자가 없습니까?"

유마힐이 말하였다.

"모든 부처님의 국토도 또한 텅 비었습니다."

문수사리가 또 물었다.

"무엇으로써 텅 빈 것을 삼습니까?"

"텅 비어 있기 때문에 텅 빈 것입니다."

또 물었다.

"그러면 그 비어 있는 것은 무슨 까닭으로 비어 있습

니까?"

답하였다.

"분별이 없음이 비어 있으므로 비어 있음입니다."

또 물었다. "비어 있음을 분별할 수 있습니까?"

답하였다.

"분별도 또한 비어 있습니다."

또 물었다.

"비어 있음은 마땅히 어디에서 구합니까?"

"마땅히 62견(六十二見)¹⁾ 중에서 구합니다."

문수사리는 또 물었다.

"62견은 마땅히 무엇에서 구합니까?"

답하여 말하였다.

"마땅히 모든 부처님의 해탈에서 구합니다."

"모든 부처님의 해탈은 마땅히 어디에서 구합니까?"

"마땅히 일체 중생의 마음작용[心行]에서 구합니다."

또 인자(仁者, 문수사리보살)께서 나에게는 어찌하여 시자(侍者)가 없는가를 물었는데, 일체 마군과 모든 외도가 다 나의 시자입니다. 왜냐하면 온갖 마군들은 생사를 좋아하지만, 보살은 생사를 버리지 아니하며 외도는 여러 가지 견해를 좋아하지만, 보살은 모든 견해에 움직이지 않습니다."

문수사리가 말하였다.

"거사님의 병은 어떤 모습입니까?"

유마힐이 말하였다.

"나의 병은 형상이 없어서 볼 수 없습니다."

또 물었다.

"이 병은 몸과 합한 것입니까? 마음과 합한 것입니까?"

"몸과 합한 것이 아닙니다. 몸과 서로 떨어져 있습니다. 또한 마음과 합한 것도 아닙니다. 마음은 환영과 같기 때문입니다."

또 물었다.

"지대(地大)·수대(水大)·화대(火大)·풍대(風大), 이 4대 중에 어느 대의 병입니까?"

"이 병은 지대(地大)가 아니지만, 또한 지대를 떠난 것도 아닙니다. 수대·화대·풍대도 또한 이와 같습니다. 중생의 병이 4대로부터 생기므로 그러한 병이 있습니다. 그러므로 저도 병이 들었습니다."

그때에 문수사리가 유마힐에게 물었다.

"보살은 어떻게 병든 보살을 위문합니까?"

유마힐이 말하였다.

"몸의 무상함을 말하되 몸을 싫어하여 버릴 것을 말하지 아니합니다. 몸에는 고통이 있음을 말하되 열반을 즐기기를 말하지 않습니다. 몸은 무아(無我)임을 말하되 중생을 가르쳐 인도함을 말해야 합니다. 몸이 공적함을 말하되 마침내 적멸함은 말하지 않습니다. 과거의 죄업 참회하기를 말하되 과거에 빠져 있기를 말하지 않습니다. 자기의 병으로써 다른 이의 병을 연민스럽게 여기며, 마땅히 숙세의 오랜 세월의 고통을 알아야 하며, 마땅히 일체 중생을 요익하게 할 것을 생각하며, 닦은 복을 기억하여 청정한 생활을 생각하며, 근심 걱정을 하지 말고 항상 정진하며, 마땅히 훌륭한 의사가 되어 여러 가지 병을 치료하여야 합니다. 보살이 반드시 이처럼 병든 보살을 위문해서 그로 하여금 기쁘게 하여야 합니다."

문수사리가 말하였다.

"거사여, 병을 앓는 보살은 그 마음을 어떻게 조복 받습니까?"

유마힐이 말하였다.

"병을 앓는 보살은 응당 이러한 생각을 해야 합니다. '지금 나의 이 병은 다 전생의 망상과 전도와 온갖 번뇌로부터 생긴 것이라서 실다운 법이 없는데 누가 병을 받아들이는 사람인가? 왜냐하면 4대가 화합하여 거짓으로 이름하여 몸을 삼으나 4대는 주체가 없고 몸도 또한 무아라. 또한 이 병이 생긴 것은 모두 나에게 집착함으로 말미암은 것이니 이러한 까닭에 나에게 응당 집착을 내지 말자.'라고 해야 합니다.

이미 병의 근본을 알았다면 나에 대한 생각과 중생에 대한 생각을 제거하고 반드시 법에 대한 생각을 내어 이러한 생각을 해야 합니다. '다만 여러 가지 법으로 이 몸을 합성하였다. 생기면 법이 생기는 것이고 소멸하면 법이 소멸하는 것이다. 또한 이 법이라는 것은 각각 서로 알지 못해서 생길 때에 내가 생긴다고 말하지 않고 소멸할 때에 내가 소멸한다고 말하지 않는다.'라고 해야 합니다.

저 병이 있는 보살이 법에 대한 생각을 소멸하기 위해서 마땅히 이런 생각을 해야 합니다. '이 법에 대한 생각도 또한 전도(顚倒)다. 전도는 곧 큰 병이다. 나는 응당히 그것을 떠나리라. 어떻게 떠나는가? 나와 나의 것을 떠나는 것이다. 어떻게 나와 나의 것을 떠나는가? 이를테면 두 가지 법을 떠나는 것이다. 무엇이 두 가지 법을 떠나는 것인가? 이를테면 안팎의 모든 법을 생각하지 않고 평등한 것이다. 무엇이 평등한 것인가? 이를테면 나도 평등하고 열반도 평등한 것이니 무슨 까닭인가 하면 나와 열반이라는 두 가지는 다 텅 비었기 때문이다. 왜 텅 비었는가? 다만 이름뿐이기 때문에 텅 비었다. 이처럼 두 가지 법이 결정적인 체성(體性)이 없다.'라고 생각합니다.

이러한 평등을 얻고는 다른 병이 없고 오직 텅 빈 병이 있을 뿐이니 텅 빈 병도 또한 텅 비었으므로 이 병든 보살이 받아들이는 바가 없으므로 모든 받아들일 것을 받아들입니다. 아직 불법을 갖추지 못하며 또한 받아들임을 소멸하지 못했더라도 깨달음을 취합니다.

설사 몸에 고통이 있더라도 악취에 있는 중생을 생각해서 큰 자비의 마음을 일으킵니다. 나를 이미 조복하였다면 또한 일체 중생을 조복합니다. 다만 그 병을 제(除)하고 그 법은 제하지 아니합니다. 병의 근본을 끊기 위해서 가르치고 인도합니다.

무엇이 병의 근본인가. 이를테면 반연(攀緣)에 있다. 반연이 있음으로부터 병의 근본이 됩니다. 무엇이 반연하는 바인가 하면 삼계(三界)입니다. 어떻게 반연을 끊는가 하면 얻을 바 없음으로써 합니다. 만약 얻을 바가 없으면 곧 반연이 없습니다. 무엇이 얻을 바가 없음인가 하면 두 가지 소견(所見)을 떠나는 것입니다. 무엇이 두 가지 소견인가 하면 안의 소견과 밖의 소견입니다. 이것이 얻을 것이 없음입니다.

문수사리여, 이것이 병든 보살이 그 마음을 조복 받는 것입니다. 늙고 병들고 죽는 고통을 끊음이 보살의 깨달음[菩提]입니다. 만약 이와 같지 않으면 이미 닦고 다스린 바가 자신의 지혜도 남을 이롭게 함도 없게 됩니다. 비유하자면 원수와 싸워 이긴 사람을 용감하다고 하는 것과 같습니다. 이처럼 나와 남의 늙고 병들고 죽는 것을 다 제거한 이를 보살이라고 합니다.

저 병든 보살이 다시 이런 생각을 하되, '나의 이러한 병은 참다운 것도, 아닌 것도 아님과 같이 중생의 병도 또한 참다운 것도, 아닌 것도 아니다.'라고, 이러한 관찰을 할 때에 모든 중생에게 만약 애착으로 보는 큰 자비심이 일어나면 즉시 버려야 합니다. 왜냐하면 보살은 객진번뇌(客塵煩惱, 번뇌)를 끊어 제거하였으나 큰 자비심을 일으키는 것입니다. 애착으로 보는 자비는 곧 생사에 대해서 피로해 하고 싫어하는 마음이 있기 때문입니다. 만약 능히 이것을 떠나면 피로해 하고 싫어함이 없어서 태어나는 곳마다 애착으로 보아 덮어서 가리는 바가 되지 않을 것입니다.

태어나는 곳에 속박이 없으면 능히 중생을 위해서 법을 설하여 속박을 풀어줍니다. 부처님이 설하신 것과 같이 '만약 자신에게 속박이 있으면서 능히 남의 속박을 풀어주는 일은 있을 수 없다. 만약 자신에게 속박이 없고 능히 다른 이의 속박을 풀어준다면 이것은 옳은 일이다.'라고 하였습니다.

그러므로 보살은 응당 속박을 만들지 말아야 합니다. 무엇을 속박이라 하며 무엇을 해탈이라 하는가? 참선의 맛을 탐착하면 그것은 보살의 속박이며, 방편으로 살아가는 것은 보살의 해탈입니다.

또 방편이 없는 지혜는 속박이며 방편이 있는 지혜는 해탈입니다. 지혜가 없는 방편은 속박이며 지혜가 있는 방편은 해탈입니다. 무엇이 방편이 없는 지혜는 속박이 된다는 것인가? 이를테면 애착으로 보는 마음으로 불국토를 장엄하며 중생을 성취하고자 해서 공(空)과 무상(無相)과 무작(無作)의 법 가운데서 스스로 조복하는 것을 이름하여 방편은 없고 지혜만 있는 속박이라 합니다.

무엇이 방편도 있고 지혜도 있는 해탈인가? 이를테면 애착으로 보지 않는 마음으로 불국토를 장엄하며 중생을 성취하고자 해서 공(空)과 무상(無相)과 무작(無作)의 법 가운데서 스스로 조복하되 싫어하지 않는 것을 이름하여 방편도 있고 지혜도 있는 해탈이라 합니다.

무엇이 지혜는 없고 방편만 있는 속박인가? 이를테면 보살이 탐욕과 분노와 삿된 견해 등 온갖 번뇌에 머물러서 여러 가지 덕의 근본을 심는 것을 일컬어 지혜는 없으나 방편은 있는 속박이라 합니다.

무엇이 지혜도 있고 방편도 있는 해탈인가? 이를테면 여러 가지 탐욕과 분노와 삿된 견해 등 온갖 번뇌를 떠나 여러 가지 덕의 근본을 심어서 최상의 깨달음으로 회향하는 것을 일컬어 지혜도 있고 방편도 있는 해탈이라 합니다. 문수사리여, 저 병든 보살은 응당 이처럼 모든 법을 관찰해야 합니다.

또 몸의 무상(無常)과 고(苦)와 공(空)과 무아(無我)를 관찰하는 것을 이름하여 지혜라 합니다. 비록 몸에 병이 있으나 항상 생사 가운데 있으면서 일체 중생을 요익하게 하되 싫어하지 않는 것, 이것을 이름하여 방편이라 합니다.

또 몸을 관찰하되, 몸은 병을 떠나지 않고 병은 몸을 떠나지 않습니다. 이 병과 이 몸이 새로운 것도 아니고 옛것도 아님을 관찰하는 이것을 이름하여 지혜라 합니다. 설사 몸에 병이 있더라도 영원히 멸하지 않는 이것을 방편이라 합니다.

문수사리여, 병든 보살이 응당 이처럼 마음을 조복하되 그 가운데 머물지 않으며 또한 다시 조복하지 않는 가운데도 머물지 않습니다. 왜냐하면 만약 조복하지 않는 마음에 머물면 이것은 어리석은 사람의 법이며, 만약 조복하는 마음에 머물면 이것은 성문(聲聞)의 법입니다. 그러므로 보살은 마땅히 조복하거나 조복하지 않는 마음에 머물지 않습니다. 이러한 두 가지 법을 떠나는 것이 보살행입니다.

생사에 있으나 더러운 행동을 하지 않고, 열반에 머무나 영원히 멸도하지 않는 것이 보살행입니다. 범부의 행도 아니며 성현의 행도 아님이 보살행입니다. 때가 묻은 행도 아니며 청정한 행도 아님이 보살행입니다. 비록 마(魔)의 행을 지나갔으나 온갖 마를 항복 받음을 나타내 보이는 것이 보살행입니다. 일체 지혜를 구하되 때마다 구하지 않음이 없는 것이 보살행입니다.

비록 모든 법이 생기지 않음을 관하나 정위(正位)에 들어가지 않는 것이 보살행입니다. 비록 12연기를 관하나 모든 사견에도 들어가는 것이 보살행입니다. 비록 일체 중생을 포섭하나 애착하지 않는 것이 보살행입니다. 비록 멀리 떠나는 것을 즐기나 몸과 마음이 다하는 것을 의지하지 않는 것이 보살행입니다.

비록 삼계에 다니지만 법성을 파괴하지 않는 것이 보살행입니다. 비록 공(空)을 행하나 온갖 덕(德)의 근본을 심는 것이 보살행입니다. 비록 상(相)이 없음을 행하나 중생을 제도하는 것이 보살행입니다. 비록 지음이 없음을 행하나 태어남을 나타내 보이는 것이 보살행입니다. 비록 일어남이 없음을 행하나 일체 선행(善行)을 일으키는 것이 보살행입니다.

비록 6바라밀을 행하나 중생의 마음과 심수법(心數法)을 두루 아는 것이 보살행입니다. 비록 6신통(六神通)을 행하나 번뇌가 다하지 않음이 보살행입니다. 비록 4무량심(四無量心)을 행하나 범천(梵天) 세상에 태어남을 탐착하지 않음이 보살행입니다.

제5장 문수사리문질품

비록 선정과 해탈과 삼매를 행하나 선정을 따라 태어나지 않음이 보살행입니다. 비록 4념처(四念處)[2]를 행하나 필경에 신수심법(身受心法, 즉 4념처)을 영원히 떠나지 않는 것이 보살행입니다. 비록 4정근(제1장 주 16 참조)을 행하나 몸과 마음을 버리지 않고 정진하는 것이 보살행입니다.

비록 4여의족을 행하나 자재한 신통을 얻음이 보살행입니다. 비록 5근(五根, 제1장 주 18 참조)을 행하나 중생의 모든 근(根)의 영리하고 둔함을 분별하는 것이 보살행입니다. 비록 5력(五力, 제1장 주 19 참조)을 행하나 부처님의 열 가지 힘을 즐겨 구하는 것이 보살행입니다.

비록 7각분(七覺分, 7각지, 제1장 주 20 참조)을 행하나 부처님의 지혜를 분별하는 것이 보살행입니다. 비록 8정도를 행하나 한량없는 불도(佛道)를 즐겨 행하는 것이 보살행입니다. 비록 지관(止觀, 제2장 주 15 참조)과 37조도(助道, 제1장 주 14 참조)의 법을 행하나 필경에 적멸에 떨어지지 않는 것이 보살행입니다. 비록 모든 법이 불생불멸함을 행하나 상호로써 그 몸을 장엄하는 것이 보살행입니다.

비록 성문과 벽지불의 위의를 나타내나 부처님의 법을 버리지 않는 것이 보살행입니다. 비록 모든 법이 끝까지 텅 빈 모습[究竟淨相]을 따르나 응할 바를 따라서 그 몸을 나타내는 것이 보살행입니다. 비록 모든 불국토가 영원히 적멸한 것이 공과 같음을 관찰하나 가지가지 청정한 불토를 나타내는 것이 보살행입니다. 비록 불도를 얻어서 법륜을 굴리고 열반에 들어가나 보살도를 버리지 않는 것이 보살행입니다."

이러한 말을 할 때에 문수사리가 거느린 대중 가운데 8천 명의 천자가 모두 최상의 깨달음에 대한 마음을 발하였다.

주
•

1) 62견(六十二見) : 초기불교 경전 등에서 외도(外道)의 모든 견해 또는 사상을 62종으로 분류한 것을 말한다. '62가지의 모든 잘못된 견해'라는 뜻이다.

2) 4념처(四念處) : 신수심법(身受心法). 제1장 주 15 참조.

제6장
부사의품(不思議品)

—

불가사의 해탈

그때에 사리불이 이 방 가운데에 의자가 없는 것을 보고 이러한 생각을 하였다. '이 많은 보살과 큰 제자들은 어디에 앉아야 할까?' 장자 유마힐이 그 뜻을 알고 사리불에게 말하였다.

"스님은 법을 위해서 왔습니까, 의자를 위해서 왔습니까?"

사리불이 말하였다.

"저는 법을 위해서 왔습니다. 의자를 위해서 온 것은 아닙니다."

유마힐이 말하였다.

"이봐요. 사리불이여, 대저 법을 구하는 사람은 몸과 목숨을 탐하지 않습니다. 그런데 하물며 의자이겠습니까. 대저 법을 구하는 사람은 색·수·상·행·식(色受想行識)이 있음을 구하지 아니하며, 18계와 12입이 있음을 구하지 아니하며, 욕계와 색계와 무색계가 있음을 구하지 아니합니다.

사리불이여, 대저 법을 구하는 사람은 부처님을 집착하여 구하지 아니하며 법을 집착하여 구하지 아니하며 대중을 집착하여 구하지 아니합니다. 대저 법을 구하는 사람은 고통을 보아 구하지 아니하며 고통의 원인[集]을 끊음을 구하지 아니하며 증득함을 다하고 도를 닦음에 나아감을 구하지 아니합니다. 왜냐하면 법은 희론이 없기 때문입니다. 만약 나는 마땅히 고통을 보고 고통의 원인을 끊으며 소멸을 증득하고 도를 닦는다고 말하면 이것은 희론이며 법을 구하는 것이 아닙니다.

사리불이여, 법은 이름이 적멸입니다. 만약 생멸을 하면 이것은 생멸을 구하는 것이지 법을 구하는 것은 아닙니다. 법은 이름이 염착이 없음입니다. 만약 법에 염착되거나 내지 열반이라 하더라도 이것은 곧 염착이며 법을 구하는 것은 아닙니다. 법은 행하는 것이 없음입니다. 만약 법을 행하면 이것은 곧 행하는 것이 되므로 법을 구하는 것이 아닙니다. 법은 취사(取捨)가 없습니다. 만약 법을 취하거나 버리면 이것은 곧 취하고 버림이지 법을 구하는 것이 아닙니다.

법은 처소가 없습니다. 만약 처소에 집착하면 이것은 곧 집착하는 처소이지 법을 구하는 것이 아닙니다. 법은 이름이 무상입니다. 만약 상을 따라 인식하면 이것은 곧 상을 구하는 것이지 법을 구하는 것이 아닙니다. 법은 머물 수 없습니다. 만약 법에 머물면 이것은 곧 머무는 법이지 법을 구하는 것이 아닙니다.

법은 견문각지(見聞覺知)가 아닙니다. 만약 견문각지를 행하면 이것은 곧 견문각지일 뿐이지 법을 구하는 것이 아닙니다. 법은 이름이 무위입니다. 만약 유위를 행하면 이것은 유위를 구하는 것이지 법을 구하는 것이 아닙니다. 그러므로 사리불이여, 만약 법을 구하는 사람은 일체 법에 있어서 응당 구하는 바가 없어야 합니다."

이 말을 설할 때에 5백 명의 천자(天子)가 모든 법 가운데 법안(法眼)이 청정함을 얻었다.

그때에 장자 유마힐이 문수사리에게 물었다.

"인자(仁者, 문수사리)께서는 한량없는 천만 억 아승지 국토에 다녔으니 어떤 국토에 대단히 훌륭하고 아름다운 공덕을 갖춘 사자좌가 있었습니까?"

문수사리가 말하였다.

"거사여, 동방으로 36항하의 모래 수와 같이 많은 국토를 지나서 세계가 있습니다. 이름은 수미상(須彌相)이며 부처님의 호는 수미등왕(須彌燈王)입니다. 지금 그곳에 계시는데 부처님의 몸은 키가 8만 4천 유순(由旬)이요, 그 사자좌의 높이도 8만 4천 유순입니다. 장엄과 장식이 세상에서 제일입니다."

이에 장자 유마힐이 신통력을 나타내시니 즉시에 수미등왕 부처님이 3만 2천 개의 사자좌를 보내왔다. 매우 높고 넓으며 아름답게 장엄되어 있었다. 의자가 유마힐의 방에 들어왔는데 여러 보살과 큰 제자들과 제석천과 범천과 사천왕들이 예전에 보지 못하던 일이었다. 그 방은 넓고 넓어 3만 2천 개의 사자좌를 모두 다 수용하였으나 조금도 비좁거나 걸림이 없었다. 비야리 성(城)과 염부제와 4천하(四天下)도 또한 비좁지 않고 모두 다 예와 똑같았다.

그때에 유마힐이 문수사리에게 말하였다.

"사자좌에 나아가서 보살들과 스님들과 함께 앉으십시오. 저절로 그 몸이 저 사자좌와 같아질 것입니다."

신통을 얻은 보살들은 곧 스스로 형체를 변화시켜 키가 4만 2천 유순이 되어서 사자좌에 앉았으나 새로 발심한 보살들과 큰 제자들은 모두 사자좌에 올라가지 못하였다.

그때에 유마힐이 사리불에게 말하였다.

"사자좌에 나아가십시오."

사리불이 말하였다.

"거사여, 이 사자좌는 높고 넓어서 나는 올라갈 수 없습니다."

유마힐이 말하였다.

"사리불이여, 수미등왕 여래를 위하여 예배해야 그 자리에 앉을 수 있습니다."

이에 새로 발심한 보살과 큰 제자들이 곧 수미등왕 여래에게 예배하였다. 그리고 다시 사자좌에 앉게 되었다.

사리불이 말하였다.

"거사여, 미증유(일찍이 없었던 일)입니다. 이와 같은 작은 방에 이러한 높고 넓은 의자를 수용하였으나 비야리성에는 아무런 장애 되는 것도 없고, 또 염부제의 마을과 성과 읍과 4천하와 또 모든 천신과 용왕과 귀신들의 궁전도 좁아지지 않았습니다."

유마힐이 말하였다.

"사리불이여, 모든 부처님과 보살들에게는 해탈이 있는데, 이름은 불가사의(不可思議)입니다. 만약 보살로 이 해탈에 머무는 사람은 수미산과 같이 높고 넓은 것을 겨자씨에 넣더라도 더하거나 감하는 바가 없고 수미산도 본래의 모양 그대로입니다. 그러나 사천왕과 도리천과 같은 여러 천왕은 자신들이 겨자씨에 들어간 것을 느끼지 못하고 알지도 못합니다. 오직 꼭 제도될 사람은 수미산이 겨자씨에 들어간 것을 볼 것입니다. 이것을 이름하여 불가사의 해탈법문이라고 합니다.

또한 사방의 큰 바닷물을 한 모공에 넣어도 고기와 자라와 도롱뇽과 악어와 같은 물의 권속들을 괴롭히지 않고 저 큰 바다도 본래 모습이 그대로입니다. 온갖 용과 귀신과 아수라들이 자신이 모공에 들어간 것을 느끼지 못하고 알지 못하며 이곳의 중생도 또한 번거롭거나 괴롭지 않습니다.

또 사리불이여, 불가사의 해탈에 머문 보살은 삼천대천세계를 끊어 가지기를 마치 질그릇을 만드는 사람이 물레를 돌리는 것과 같이 오른쪽 손바닥에 두고 항하의 모래 수와 같은 세계 밖에다 던지는데, 그 안에 있는 중생은 자신들이 멀리 가는 것을 느끼지도 못하고 알지도 못합니다. 또다시 본래의 곳에 던져두어도 도무지 사람에게는 가고 오는 생각이 들지 않으며 본래의 모습도 예와 같이 그대로입니다.

또 사리불이여, 혹 어떤 중생이 세상에 오래 머물기를 바라고 제도될 사람에게는 보살이 7일을 늘리어 1겁을 만들어 그 중생으로 하여금 1겁으로 여기게 합니다. 혹 어떤 중생은 세상에 오래 머물기를 바라지 않고 제도될 사람에게는 보살이 곧 1겁을 줄여서 7일이 되게 하여 그 중생으로 하여금 7일로 여기게 합니다.

또 사리불이여, 불가사의 해탈에 머문 보살은 일체 불토에 장엄한 것을 한 나라에 모아 두어 중생에게 보입니다. 또 보살이 일체 불토(佛土)의 중생을 오른쪽 손바닥에 올려 두고 온 시방을 날아다니며 일체 사람들에게 두루 보여도 본래의 장소는 움직이지 않습니다.

또 사리불이여, 시방 중생의 모든 부처님께 공양하는 물건들을 보살이 한 모공에서 다 볼 수 있게 합니다. 또 시방 국토에 있는 모든 해와 달과 별들을 한 모공에서 다 볼 수 있게 합니다.

또 사리불이여, 시방세계에 있는 모든 바람을 보살이 입속으로 다 빨아들여도 몸은 손상되지 않고 밖에 있는 온갖 나무들도 또한 꺾어지지 아니합니다. 또 시방세계 가 겁이 다하여 불이 탈 때에 그 모든 불을 뱃속에 집어넣어도 불은 그대로며 몸을 해치지도 아니합니다. 또 하

제6장 부사의품

방으로 항하의 모래 수와 같은 세계를 지나서 한 나라를 취하여서 상방으로 항하의 모래 수와 같은 세계를 지나가더라도 마치 바늘을 가지고 대추나무 잎 하나를 들어 올리는 것과 같이 전혀 번거롭지 아니합니다.

또 사리불이여, 불가사의 해탈에 머문 보살은 능히 신통으로 부처의 몸을 나타내며, 혹은 벽지불(辟支佛)의 몸을 나타내며, 혹은 성문의 몸을 나타내며, 혹은 제석의 몸을 나타내며, 혹은 범왕의 몸을 나타내며, 혹은 세상 주인의 몸을 나타내며, 혹은 전륜성왕의 몸을 나타냅니다.

또 시방세계에 있는 모든 소리의 상·중·하의 음성을 다 능히 분별하여 부처님의 소리를 만들어 무상과 고와 공과 무아의 소리와 시방의 모든 부처님이 설하시는 갖가지 법을 연출하여 다 그 가운데에서 널리 듣게 합니다. 사리불이여, 내가 지금 보살의 불가사의 해탈의 힘을 간략하게 설하였습니다. 만약 자세히 설한다면 겁이 다할 때까지 설해도 끝이 없습니다."

이때에 대가섭이 보살의 불가사의 해탈법문 설하는 것을 듣고는 미증유(들어본 적이 없는 법문)라고 찬탄하고 사리불에게 말하였다.

"비유하자면 어떤 사람이 맹인 앞에서 여러 가지 색상을 나타내 보이지만, 그 사람은 보지 못하는 것과 같이 일체 성문들도 이 불가사의 해탈법문을 듣고 능히 알 수 없는 것도 이와 같습니다. 지혜로운 사람이라면 이 법문을 듣고 그 누군들 아뇩다라삼먁삼보리심을 발하지 못하겠는가마는 우리는 어찌하여 그 뿌리를 영원히 끊어 버리고 대승에 대해서는 이미 썩은 종자와 같습니까? 일체 성문이 이 불가사의 해탈법문을 들으면 모두 목 놓아 큰 소리로 울어서 그 소리가 삼천대천세계를 진동할 것입니다. 그러나 일체 보살은 응당 크게 기뻐하여 이 법을 머리에 받아 가질 것입니다. 만약 어떤 보살이 불가사의 해탈법문을 믿고 이해하는 사람에게는 일체 마군의 무리가 어떻게 하지 못할 것입니다."

대가섭이 이 말을 할 때에 3만 2천 천자가 모두 아뇩다라삼먁삼보리심을 발하였다.

그때에 유마힐이 대가섭에게 말하였다.

"인자(仁者)여, 시방에 한량없는 아승지 세계 중에 마왕이 된 사람은 대개 불가사의 해탈에 머문 보살입니다. 방편의 힘으로 중생을 교화하려고 마왕이 된 것입니다.

또 가섭이여, 시방의 한량없는 보살들은 혹 어떤 사람이 손이나 발이나 코나 머리나 눈이나 골수나 피나 살이나 피부나 뼈나 마을이나 성읍이나 처자나 노비나 코끼리나 말이나 수레나 금이나 은이나 유리나 자거나 마노나 산호나 호박이나 진주나 가패나 의복이나 음식 등을 구걸하면 이처럼 구걸하는 사람은 대개 불가사의 해탈에 머문 보살입니다. 방편의 힘으로써 가서 시험하여 그를 견고하게 하려는 것입니다.

무슨 이유인가 하면 불가사의 해탈에 머문 보살은 위덕의 힘이 있기 때문에 짐짓 핍박해서 여러 중생에게 이처럼 어려운 일을 보입니다. 범부는 하열하여 힘이 없으므로 능히 이처럼 보살을 핍박하지 못합니다. 비유하자면 용이나 코끼리처럼 차고 짓밟는 것을 당나귀는 견디어내지 못하는 것과 같습니다. 이것을 이름하여 불가사의 해탈에 머문 보살의 지혜와 방편의 문이라고 합니다."

제7장
관중생품(觀衆生品)
—
중생의 실상

그때에 문수사리가 유마힐에게 물었다.

"보살은 중생을 어떻게 관찰합니까?"

유마힐이 말하였다.

"비유하자면, 마술을 하는 사람이 마술로 만든 사람을 보는 것과 같이 보살도 중생을 관찰하기를 이처럼 합니다. 지혜로운 사람은 물에 뜬 달과 같이 여기며, 거울 속의 얼굴을 보는 것과 같이 여기며, 더운 날 아지랑이와 같이 여기며, 소리를 질렀을 때의 메아리와 같이 여기며, 하늘에 떠 있는 구름과 같이 여기며, 물에 있는 물방울과 같이 여기며, 물 위의 거품과 같이 여기며 파초의 견고함과 같이 여기며, 번갯불이 오래 머무름과 같이 여깁니다.

제5대(五大)와 같이 여기며[1], 제6음(六陰)과 같이 여기며, 제7정(情)과 같이 여기며, 13입(入)과 같이 여기며, 19계(界)와 같이 여깁니다. 보살이 중생을 관찰하는 것도 이와 같습니다. 무색계의 색과 같이 여기며, 타버린 곡식의 씨앗과 같이 여기며, 수다원의 자신에 대한 이해득실과 같이 여기며, 아나함의 입태(入胎)와 같이 여기며, 아라한의 3독(三毒)과 같이 여기며, 깨달음을 얻은[得忍] 보살의 탐욕과 진에(瞋恚)와 파계와 같이 여기며, 부처님의 번뇌 습기와 같이 여기며, 눈먼 사람이 사물을 보는 것과 같이 여기며, 멸진정(滅盡定)에 들어간 사람의 출식입식과 같이 여기며, 허공에 날아간 새의 발자국과 같이 여기며, 석녀(石女)의 아이와 같이 여기며, 조화로 만든 사람의 번뇌와 같이 여기며, 꿈속에서 보던 것을 꿈을 깬 것과 같이 여기며, 열반에 든 사람이 몸을 받는 것과 같이 여기며, 연기가 없는 불과 같이 여깁니다. 보살이 중생을 관찰하는 것도 이와 같습니다."

문수사리가 말하였다.

"만약 보살이 이처럼 관찰하는 사람은 어떻게 사랑을 행합니까?"

유마힐이 말하였다.

"보살이 이렇게 관찰하고 나서 스스로 생각하기를, '나는 마땅히 중생을 위해서 이처럼 법을 설하리라.' 하면 이것이 곧 진실한 사랑입니다. 적멸한 사랑을 행함이니 생멸하는 것이 없기 때문입니다. 불타지 않는 사랑을 행함이니 번뇌가 없기 때문입니다. 평등한 사랑을 행함이니 삼세에 평등하기 때문입니다. 다툼이 없는 사랑을 행함이니 일어나는 바가 없기 때문입니다. 둘이 아닌 사랑을 행함이니 안과 밖이 합하지 않기 때문입니다. 무너지지 않는 사랑을 행함이니 필경 다하기 때문입니다. 견고한 사랑을 행함이니 마음에 상처가 없기 때문입니다. 청정한 사랑을 행함이니 모든 법의 성품이 청정하기 때문입니다. 가없는 사랑을 행함이니 허공과 같기 때문입니다.

아라한의 사랑을 행함이니 번뇌의 도적을 깨뜨리기

때문입니다. 보살의 사랑을 행함이니 중생을 평안하게 하기 때문입니다. 여래의 사랑을 행함이니 여여(如如)한 모습을 얻기 때문입니다. 부처의 사랑을 행함이니 중생을 깨우치기 때문입니다.

자연의 사랑을 행함이니 원인이 없이 얻기 때문입니다. 보리의 사랑을 행함이니 평등한 일미이기 때문입니다. 같은 것이 없는 사랑을 행함이니 모든 애착을 끊기 때문입니다. 크게 어여삐 여기는 사랑을 행함이니 대승으로 인도하기 때문입니다. 싫어함이 없는 사랑을 행함이니 공(空)하여 아(我)가 없음을 관찰하기 때문입니다.

법을 보시하는 사랑을 행함이니 아낌이 없기 때문입니다. 계를 가지는 사랑을 행함이니 파계한 사람을 교화하기 때문입니다. 인욕하는 사랑을 행함이니 서로가 없기 때문입니다. 정진하는 사랑을 행함이니 중생을 짊어지기 때문입니다. 선정의 사랑을 행함이니 맛을 받아들이지 않기 때문입니다. 지혜의 사랑을 행함이니 때를 알지 못함이 없기 때문입니다.

방편의 사랑을 행함이니 일체를 나타내 보이기 때문

입니다. 숨김이 없는 사랑을 행함이니 곧은 마음이 청정하기 때문입니다. 깊은 마음의 사랑을 행함이니 잡스러운 행이 없기 때문입니다. 거짓이 없는 사랑을 행함이니 헛되고 거짓되지 않기 때문입니다. 안락한 사랑을 행함이니 부처님의 즐거움을 얻게 하기 때문입니다. 보살의 사랑이 이와 같습니다.”

문수사리가 또 물었다.

“무엇이 슬퍼함[悲]이 됩니까?”

답하였다. “보살이 지은 공덕을 일체 중생에게 다 주어서 함께하게 하는 것입니다.”

“무엇이 기뻐함이 됩니까?”

답하였다. “요익하는 바가 있으면 기뻐하여 뉘우침이 없음입니다.”

“무엇이 평온함[捨]이 됩니까?”

답하였다. “복을 지어도 바라는 바가 없음입니다.”

문수사리가 또 물었다.

“생사는 두려운 것입니다. 보살은 마땅히 무엇을 의지해야 합니까?”

유마힐이 말하였다.

"보살은 생사의 두려움 속에서 마땅히 여래 공덕의 힘을 의지해야 합니다."

문수사리가 또 물었다.

"보살이 여래 공덕의 힘을 의지하고자 하면 마땅히 어디에 머물러야 합니까?"

답하였다. "보살이 여래 공덕의 힘을 의지하려는 사람은 마땅히 일체 중생을 제도하는 데 머물러야 합니다."

또 물었다. "중생을 제도하고자 하면 마땅히 무엇을 제거해야 합니까?"

답하였다. "중생을 제도하려면 번뇌를 제거해야 합니다."

또 물었다. "번뇌를 제거하려면 마땅히 무엇을 행하여야 합니까?"

답하였다. "마땅히 바른 생각을 하여야 합니다."

또 물었다. "어떻게 하여야 바른 생각을 합니까?"

답하였다. "마땅히 불생불멸을 행하여야 합니다."

또 물었다. "무슨 법이 불생이며 무슨 법이 불멸입니

까?"

답하였다. "선하지 않은 것은 불생이고 선한 법은 불멸입니다."

또 물었다. "선과 불선은 무엇이 근본입니까?"

답하였다. "몸이 근본입니다."

또 물었다. "몸은 무엇이 근본입니까?"

답하였다. "탐욕이 근본입니다."

또 물었다. "탐욕은 무엇이 근본입니까?"

답하였다. "허망한 분별이 근본이 됩니다."

또 물었다. "허망한 분별은 무엇이 근본이 됩니까?"

답하였다. "전도(顚倒) 망상이 근본이 됩니다."

또 물었다. "전도 망상은 무엇이 근본이 됩니까?"

답하였다. "무주(無住)가 근본이 됩니다."

또 물었다. "무주는 무엇이 근본이 됩니까?"

답하였다. "무주는 근본이 없습니다. 문수사리여, 무주라는 근본으로부터 일체 법이 세워졌습니다."

그때 유마힐의 방에 한 천녀가 있었다. 여러 큰 어른들의 설법하는 것을 듣고 곧 몸을 나타내어 하늘의 꽃으로 여러 보살과 큰 제자들 위에 흩었다. 꽃이 보살들에게 이르러서는 곧바로 다 떨어졌는데 큰 제자들에게 이르러서는 딱 붙어서 떨어지지 않았다. 모든 제자들이 신력으로 꽃을 제거하려 해도 제거할 수 없었다.

그때에 천녀가 사리불에게 물었다.

"무슨 까닭으로 꽃을 제거하려 합니까?"

답하였다. "이 꽃은 여법하지 못해서 제거하려 합니다."

천녀가 말하였다.

"이 꽃을 가지고 여법하지 못하다고 하지 마십시오. 왜냐하면 이 꽃은 분별하는 바가 없습니다. 스님이 스스로 분별하는 생각을 내었을 뿐입니다. 만약 불법에 출가하여 분별하는 바가 있으면 그것이 여법하지 못한 것이 됩니다. 만약 분별하는 바가 없으면 이것이 여법한 것입니다. 살펴보니 모든 보살에게 꽃이 붙지 않은 것은 이미 일체의 분별하는 생각을 다 끊었기 때문입니다. 비유하자면 사람이 두려워할 때에 사람 아닌 것이 있어서 그 편의를 얻은 것과 같습니다. 이처럼 제자는 생사를 두려워한 까닭에 색·성·향·미·촉이 그 편의를 얻은 것입니다. 이미 두려움을 떠난 사람은 일체의 5욕이 능히 어찌하지 못합니다. 온갖 번뇌[結習]가 다하지 못하면 꽃이 몸에 붙을 것이고 온갖 번뇌가 다하면 꽃이 몸에 붙지 않을 것입니다."

사리불이 말하였다. "천녀가 이 방에 머무른 것이 얼마나 됩니까?"

답하였다. "제가 이 방에 머무른 것이 노인네의 해탈과 같습니다."

사리불이 말하였다. "여기에 머문 것이 오래 됐습니까?"

천녀가 말하였다. "노인네의 해탈이 또한 얼마나 오래 됐습니까?"

사리불이 묵묵히 답이 없으니 천녀가 말하였다.

"어떻게 늙으시고 큰 지혜를 지닌 이로써 묵묵합니까?"

답하였다. "해탈이란 말로써 표현할 수 없으므로 나는 해탈에 대해서 말할 줄을 모릅니다."

천녀가 말하였다.

"언설과 문자가 다 해탈의 모습입니다. 왜냐하면 해탈이란 안도 아니고 밖도 아니며 두 사이에도 있지 않습니다. 문자도 또한 안도 아니고 밖도 아니며 두 사이에도 있지 않습니다. 그러므로 사리불이여, 문자를 떠나서 해탈을 설함도 아닙니다. 왜냐하면 일체 모든 법이 해탈의 모습입니다."

사리불이 말하였다.

"음행과 분노와 어리석음을 떠나지 않은 것으로써 해탈을 삼습니까?"

천녀가 말하였다.

"부처님은 아만이 높은 사람을 위하여 음행과 분노와 어리석음을 떠난 것을 해탈이라고 설할 뿐입니다. 만약 아만이 없는 사람이라면 부처님은 음행과 분노와 어리석음의 본성이 곧 해탈이라고 설합니다."

사리불이 말하였다.

"훌륭합니다. 훌륭합니다. 천녀여, 그대는 무엇을 얻었으며 무엇으로 깨달음을 삼기에 그 변재(辯才, 말씀)가 이와 같습니까?"

천녀가 말하였다.

"저는 얻음도 없고 깨달음도 없습니다. 그러므로 변재가 이와 같습니다. 왜냐하면 만약 얻음이 있고 깨달음이 있는 사람은 곧 불법에 대하여 아만이 높은 사람입니다."

사리불이 천녀에게 물었다.

"그대는 삼승(三乘, 성문·연각·보살승)에서 무엇을 구하는가?"

천녀가 말하였다.

"성문법(聲門法)으로써 중생을 교화하기 때문에 저는 성문이 됩니다. 인연법으로써 중생을 교화하기 때문에 저는 벽지불이 됩니다. 대비법으로써 중생을 교화하기 때문에 저는 대승이 됩니다.

사리불이여, 어떤 사람이 첨복림(瞻蔔林)에 들어가면 오직 첨복의 향기만 맡게 되고 다른 향기는 맡지 아니합니다. 그와 같이 만약 이 방에 들어오면 다만 부처님의 공덕의 향기만 맡고 성문이나 벽지불의 공덕의 향은 맡지 아니합니다.

사리불이여, 제석과 범천과 사천왕과 여러 천신과 용

과 귀신들이 이 방에 들어오면 여기에 계시는 상인(上人, 윗분)이 강설하는 정법을 듣고 모두 부처님의 공덕의 향을 좋아하여 발심하고 나갑니다. 사리불이여, 제가 이 방에 머무른 지가 12년입니다. 그러나 처음부터 성문과 벽지불의 법은 듣지 못하고 다만 보살의 대자대비와 불가사의한 모든 부처님의 법만 들었습니다.

이 방에 들어오는 사람은 온갖 번뇌의 괴롭힌 바가 되지 아니합니다. 이것이 둘째 미증유하여 얻기 어려운 법입니다. 이 방에는 항상 제석과 범천과 사천왕과 타방(他方)의 보살들이 끊임없이 모여옵니다. 이것이 셋째 미증유하여 얻기 어려운 법입니다. 이 방에는 항상 6바라밀과 퇴전하지 않는 법을 설합니다. 이것이 넷째 미증유하여 얻기 어려운 법입니다. 이 방에는 항상 천상 사람들의 제일가는 즐거움을 지어서 한량없는 법으로 교화하는 소리를 연주합니다. 이것이 다섯째 미증유하여 얻기 어려운 법입니다.

이 방에는 네 개의 큰 창고[四攝法]²⁾가 있는데 여러 가지 보물이 가득하여 가난한 사람들을 두루 다 구제하여 다함이 없습니다. 이것이 여섯째 미증유하여 얻기 어려운 법입니다. 이 방에는 석가모니 부처님과 아미타 부처님과 아축 부처님과 보덕·보염과 보월·보엄과 난승·사자향과 일체이성(一切利成) 등 이와 같은 시방의 한량없는 부처님께서 유마힐이 생각하면 곧 다 오시어 모든 부처님의 비밀스럽고 요긴한 법장을 널리 설하십니다. 설하시고 나서는 다시 돌아가십니다. 이것이 일곱째 미증유하여 얻기 어려운 법입니다.

이 방에는 일체 모든 하늘의 장엄한 궁전과 모든 부처님의 정토가 다 그 가운데 나타납니다. 이것이 여덟째 미증유하여 얻기 어려운 법입니다. 누군들 이와 같은 불가사의한 일을 보고 다시 또 성문의 법을 좋아하는 사람이 있겠습니까?"

그때에 천녀가 신통력으로 사리불을 변화시켜 천녀와 같게 하고 천녀는 스스로 몸을 변화시켜 사리불과 같게 하고 나서 물었다.

"왜 여자의 몸을 바꾸지 않습니까?"

사리불이 천녀의 모양을 하고서 대답하였다.

"나는 지금 어찌하여 여자의 몸으로 변하였는지를 알지 못합니다."

천녀가 말하였다.

"사리불이여, 만약 이 여자의 몸을 바꿀 수 있으면 일체 여인들도 또한 바꿀 수 있을 것입니다. 마치 사리불이 여자가 아니면서 여자의 몸을 나타냈듯이 일체 여인들도 또한 다시 이처럼 비록 여자의 몸을 나타냈으나 여자가 아닙니다. 그러므로 부처님이 일체의 모든 법은 남자도 아니고 여자도 아니라고 설하셨습니다."

그때에 천녀가 다시 신통력을 거두어들이니 사리불의 몸도 예전처럼 회복하였다. 천녀가 사리불에게 물었다.

"여자의 몸은 지금 어디에 있습니까?"

사리불이 말하였다.

"여자의 몸은 있음도 없고 있지 않음도 없습니다."

천녀가 말하였다.

"일체 제법(諸法)도 또한 다시 이와 같아서 있음도 없고 있지 않음도 없으니, 대저 있음도 없고 있지 않음도 없는 것이 부처님이 설하신 바입니다."

사리불이 천녀에게 물었다.

"그대가 여기에서 죽으면 마땅히 어느 곳에 태어납니까?"

천녀가 말하였다.

"부처님의 교화로 태어났습니다. 나도 그와 같이 태어납니다."

사리불이 말하였다.

"부처님의 교화로 태어나는 것은 죽거나 태어남이 아닙니다."

천녀가 말하였다.

"중생도 오히려 그러해서 죽거나 태어남이 아닙니다."

사리불이 천녀에게 물었다.

"그대는 얼마 뒤에 아뇩다라삼먁삼보리를 얻게 됩니까?"

천녀가 말하였다.

"만약 사리불이 다시 범부가 되어야 내가 이에 아뇩다라삼먁삼보리를 얻을 수 있습니다."

사리불이 말하였다.

"내가 범부가 되는 일은 있을 수 없습니다."

천녀가 말하였다.

"내가 아뇩다라삼먁삼보리를 얻는 것도 또한 있을 수 없는 일입니다. 왜냐하면, 보리는 머무는 곳이 없습니다. 그러므로 얻을 수 없습니다."

사리불이 말하였다.

"지금 모든 부처님이 아뇩다라삼먁삼보리를 얻으며 이미 얻었으며 앞으로 얻을 것도 항하의 모래 수와 같다는 것은 다 무엇을 이르는 것입니까?"

천녀가 말하였다.

"모두가 세속의 문자인 숫자를 사용하여 삼세가 있음을 말한 것뿐입니다. 보리가 과거와 미래와 현재가 있다고 말한 것은 아닙니다."

또 천녀가 말하였다.

"사리불이여, 그대는 아라한의 도를 얻었습니까?"

사리불이 말하였다.

"얻을 바가 없으므로 얻었습니다."

천녀가 말하였다.

"모든 부처님과 보살들도 또한 그와 같아서 얻을 바가 없는 까닭에 얻었습니다."

그때에 유마힐이 사리불에게 말하였다.

"이 천녀는 이미 일찍이 92억 부처님에게 공양하였으며, 이미 능히 보살의 신통에 노닐며, 원하는 바가 구족하고, 생멸이 없는 진리를 얻어서 물러서지 않는 경지에 머물지만, 본래의 서원 때문에 마음대로 능히 나타나서 중생을 교화하는 것입니다."

주
·

1) 제5대(第五大)와 같이 여기며: 4대는 지(地)·수(水)·화(火)·풍(風) 네 가지는 있으나 다섯 번째의 것은 없다. 이하 5음 등도 마찬가지로, 5음(五陰=5온)은 있어도 제6음(陰)에 해당하는 것은 없다. 6근(안·이·비·설·신·의)으로 느끼는 여섯 가지 번뇌, 즉 6정(情)은 있으나 일곱 번째인 제7정(情)은 없다. 12입(入)은 있으나 13입(入)은 없다. 18계는 있으나 19계(界)는 없다. 이와 같이 없는 것으로 본다는 뜻이다. 보살이 중생을 관찰하는 것도 이와 같이 한다는 것이다. 아래도 마찬가지로 관찰한다는 뜻이다.

2) 4섭법(四攝法) : 제1장 주 13 참조.

제8장

불도품(佛道品)

비도(非道)와 불도

그때에 문수사리가 유마힐에게 물었다.

"보살이 불도를 어떻게 통달합니까?"

유마힐이 말하였다.

"만약 보살이 비도(非道)[1]를 행하면 이것이 불도를 통달하는 것입니다."

문수사리가 또 물었다.

"보살이 어떻게 비도를 행합니까?"

유마힐이 답하였다.

"만약 보살이 5무간지옥에 갈 일을 행하더라도 괴로

위하거나 성내는 일이 없으며 지옥에 가도 죄가 없으며, 축생에 가도 무명과 교만 등과 같은 허물이 없으며 아귀에 가도 공덕을 구족하며 색계와 무색계의 길을 행해도 수승하다고 여기지 아니합니다. 탐욕을 보이더라도 물들고 집착함을 떠나며 진에(瞋恚)를 보이더라도 모든 중생에게 성내는 장애가 없으며, 어리석음을 보이더라도 지혜로써 그 마음을 조복하며, 간탐(慳貪)을 보이더라도 안팎의 소유를 버려서 몸과 목숨을 아끼지 아니하며, 파계를 보이더라도 청정한 계율에 안주하여 작은 죄라도 오히려 큰 두려움을 품으며, 진에를 보이더라도 항상 자비롭게 인욕을 합니다.

게으름을 보이더라도 공덕을 부지런히 닦으며, 뜻이 어지러움을 보이더라도 항상 선정을 생각하며, 어리석음을 보이더라도 세간과 출세간의 지혜를 통달하며, 아첨과 거짓을 보이더라도 훌륭한 방편으로 모든 경전의 뜻을 따르며, 교만을 보이더라도 오히려 중생을 저 언덕에 이르게 해 주는 교량과 같이하며, 온갖 번뇌를 보이더라도 마음은 항상 청정합니다.

마군에 들어감을 보이더라도 부처의 지혜를 수순하고 다른 가르침을 따르지 아니하며, 성문에 들어감을 보이더라도 중생을 위하여 듣지 못한 법문을 설하며, 벽지불에 들어감을 보이더라도 큰 자비를 성취해서 중생을 교화하며, 빈궁한 곳에 들어감을 보이더라도 보배로운 손이 있어서 공덕이 다함없으며, 장애인 속에 들어감을 보이더라도 여러 가지 훌륭한 형상을 구족해서 스스로 장엄하며, 하천한 데 들어감을 보이더라도 부처님의 종성(種性) 중에 태어나서 여러 가지 공덕을 갖춥니다.

야위고 용렬하고 추하고 미천한 데 들어감을 보이더라도 나라연²⁾의 몸을 얻어서 일체 중생이 보기 좋아하는 바가 되며, 늙고 병든 곳에 들어감을 보이더라도 영원히 병의 근본을 끊고 죽음의 두려움을 초월함을 보이며, 생활을 돕는 직업이 있음을 보이더라도 항상 무상(無常)함을 관찰해서 진실로 탐하는 바가 없으며, 아내와 첩과 채녀가 있음을 보이더라도 항상 오욕(五慾)³⁾의 진흙탕을 멀리 떠납니다.

어눌하고 둔함을 나타내더라도 변재(辯才)를 성취해서

다 기억하여 잊어버리지 아니하며, 삿된 가르침[濟]에 들어감을 보이더라도 바른 가르침으로써 모든 중생을 제도하며, 여러 가지 다른 도에 두루 들어감을 보이더라도 그 인연을 끊으며, 열반을 나타내더라도 생사를 끊지 아니합니다. 문수사리여, 보살이 능히 이처럼 비도(非道)를 행해야 이것이 불도를 통달한 것입니다."

이에 유마힐이 문수사리에게 물었다.

"무엇이 여래의 종자[근본]입니까?"

문수사리가 말하였다.

"신체가 있음이 여래의 종자가 되며, 무명과 생존에 대한 집착[有愛]이 여래의 종자가 되며, 탐욕과 진에와 어리석음이 여래의 종자가 되며, 네 가지 전도[四顛倒][4]가 여래의 종자가 되며, 다섯 가지 번뇌[五蓋][5]가 여래의 종자가 되며, 6입(六入, 안·이·비·설·신·의)이 종자가 되며, 일곱 가지 마음가짐[七識處][6]이 종자가 되며, 여덟 가지 삿된 법[八邪法][7]이 종자가 되며, 아홉 가지 괴로운 것[九惱][8]이 종자가 되며, 열 가지 선하지 아니한 길[十不善道][9]이 종자가 됩니다. 요점을 들어 말하자면 62종의 사견(邪

見)과 일체 번뇌가 다 부처의 종자가 됩니다."

유마 거사가 다시 물었다.

"왜 그렇습니까?"

문수사리가 답하였다.

"만약 무위를 보아서 바른 지위에 들어간 사람은 다시는 아뇩다라삼먁삼보리심을 발하지 아니합니다. 비유하자면, 마치 높은 언덕과 육지에는 연꽃이 나지 아니하고 낮고 습한 진흙에 연꽃이 나는 것과 같습니다. 이처럼 무위법을 보고 바른 지위에 들어간 사람은 마침내 다시는 불법 중에 태어나지 아니하고 번뇌의 진흙 속에 중생이 있으므로 그곳에서 불법을 일으킬 뿐입니다.

또한 마치 종자를 허공에 심으면 마침내 나지 아니하지만, 똥과 흙이 있는 땅에서는 능히 무성하게 되는 것과 같습니다. 이처럼 무위의 바른 지위에 들어간 사람은 불법을 일으키지 아니하지만, 아견을 수미산처럼 높이 일으키는 사람은 오히려 능히 아뇩다라삼먁삼보리심을 발해서 불법을 일으킵니다. 그러므로 마땅히 일체 번뇌가 여래의 종자가 되는 줄 알아야 합니다. 비유하자면 마

치 큰 바다에 들어가지 아니하면 능히 무가보주(無價寶
珠)를 얻을 수 없는 것과 같이 번뇌의 큰 바다에 들어가
지 아니하면 곧 일체 지혜의 보물을 얻을 수 없습니다.”

그때에 대가섭이 찬탄하여 말하였다.

“훌륭하고 훌륭합니다. 문수사리여, 이러한 말씀을 시
원하게 설하시니 진실로 말씀하신 바와 같아서 진로번
뇌의 벗이 여래의 종자가 됩니다. 우리는 지금 더는 아뇩
다라삼먁삼보리심을 발할 수가 없습니다. 오무간지옥에
떨어질 죄를 지었다 하더라도 오히려 능히 뜻을 내어 불
법을 일으키는데, 지금 저희는 영원히 보리심을 일으킬
수 없습니다.

비유하자면 마치 장애인이 된 사람이 다시는 오욕락
에 이로움을 회복할 수 없는 것과 같습니다. 이처럼 모든
결박을 끊은 성문은 불법 가운데서 더는 이익이 없고 영
원히 뜻과 원력이 없습니다. 그러므로 문수사리여, 범부
는 불법에 회복할 수 있으나 성문은 없습니다. 왜냐하면
범부는 불법을 듣고 능히 최상의 도에 대한 마음을 일으
켜서 삼보를 끊지 아니하지만, 성문은 종신토록 불법의

힘과 두려움 없음을 들어도 영원히 최상의 도에 대한 뜻을 일으키지 못하기 때문입니다."

그때에 법회 가운데 이름이 보현색신인 보살이 유마힐에게 물었다.

"거사여, 부모와 처자와 친척과 권속과 벼슬아치와 백성과 도반[知識]들은 다 누구누구며, 노비와 동복과 코끼리와 말과 수레들은 모두 어디에 있습니까?"

이에 유마힐이 게송으로 답하였다.

지혜는 보살의 어머니요,
방편은 아버지입니다.
일체 모든 부처님[導師]은
다 이로 말미암아 출생합니다.

법회선열(法喜禪悅)은 아내가 되고
자비심은 딸이 됩니다.
선한 마음과 성실함은 아들이며
마침내 공적(空寂)함은 나의 집입니다.

온갖 진로번뇌인 제자들이
마음 가는 대로 따라옵니다.
37조도품은 선지식이 되니
이로 말미암아 정각을 이룹니다.

모든 바라밀은 친구가 되고
4섭법은 기녀가 되어
노래로 법문을 읊으니
이것으로 음악을 삼습니다.

총지의 동산과 무루법의 숲 속에서
깨달은 마음의 아름다운 꽃과
해탈과 지혜의 과일이 열립니다.

8해탈(8정도)의 연못에는
선정의 맑은 물이 가득하고
칠정의 꽃[七淨華]¹⁰⁾을 펼쳐 놓고
번뇌의 때 없는 사람이 여기에서 목욕합니다.

코끼리와 말은 5신통으로 달리는데
대승법이 수레가 됩니다.
일심으로 조복하여
8정도의 길에 노닙니다.

32상을 갖추어 용모를 장엄하고
80종호로써 그 자태를 꾸미며
부끄러워함은 옷이 되고
깊은 마음은 꽃다발이 됩니다.

일곱 가지 보물이 있어 부자가 되고
가르쳐 줌으로써 불어납니다.
말[言]과 같이 수행하여
회향으로 큰 이익을 삼습니다.

4선정(四禪定)으로 의자를 삼아
청정한 생활을 합니다.
많이 듣고 지혜를 쌓아

스스로 깨닫는 음성으로 삼습니다.

감로(甘露)의 법으로 밥을 삼고
해탈의 맛으로 간장을 삼습니다.
청정한 마음으로 목욕하고
계품을 잘 지켜 향수로 삼습니다.

번뇌의 도적을 소탕해 버리니
용맹하고 씩씩함이 보살을 넘어설 이 없어
네 가지 마군들을 항복받아서
승리의 깃발로 도량을 세웁니다.

비록 일어나고 사라짐이 없음을 알지만,
다른 사람들에게는 짐짓 태어남을 보여
모든 국토에 다 나타나는 것이
태양을 곳곳에서 다 보는 것과 같습니다.

시방에 계시는

무량 억만 여래에게 공양 올려도
부처님과 자신을 분별하는 생각이 없습니다.

비록 모든 세계와 중생이 공함을 알지만,
항상 정토행을 닦아서
뭇 생명을 교화합니다.

온갖 곳의 중생에게
형상과 소리와 위의와
두려움 없는 힘을 가진 보살이
일시에 능히 다 나타납니다.

온갖 마군들의 일을 깨달아 알지만,
그들의 행을 따름을 보여서
훌륭한 방편과 지혜로써
마음대로 다 능히 나타냅니다.

혹은 늙고 병들고 죽음을 보여

많고 많은 중생을 성취하게 하되
환화와 같음을 깨달아 알아
통달하여 걸림이 없습니다.

혹은 겁(劫)이 다할 때에 불이 일어나서
천지가 다 타버리더라도
모든 사람들은 항상하다고 생각하는 것을
지혜로 비춰서 무상함을 알게 합니다.

무수 억 중생이 함께 와서
보살을 청하면
일시에 그들의 집에 이르러
그들을 교화하여 불도에 향하게 합니다.

경서(經書)와 주술과
교묘한 온갖 재주를
이러한 일들을 다 나타내어
모든 중생을 다 요익하게 합니다.

세간의 온갖 도법(道法)에
모두 그 가운데서 출가하여
그로 말미암아 사람들의 미혹을 풀어 주고
삿된 견해에 떨어지지 않게 합니다.

혹은 일천자(日天子)도 되고 월천자도 되고
범왕과 세계의 주인도 되고,
주지신(主地神)도 되고 주수신(主水神)도 되며,
혹은 주풍신(主風神)도 되고
주화신(主火神)도 됩니다.

어떤 해에 전염병이 돌면
온갖 약초가 되기도 합니다.
만약 그것을 복용하는 사람은
병도 낫고 모든 독기도 녹입니다.

어떤 해에 기근이 오면
몸을 나타내어 음식을 만들어

먼저 주리고 목마름을 구제하고,
다음엔 법으로써 사람들을 가르칩니다.

어떤 해에는 싸움이 일어나면
그들을 위하여 자비심을 일으켜서
저 모든 중생을 교화해서
다툼이 없는 땅에 머물게 합니다.

만약 큰 전쟁이 일어나서
서로 대등한 힘으로 버티면
보살이 위엄과 세력을 나타내어
그들을 항복받아 평화롭게 만듭니다.

일체 국토 중에 온갖 지옥이 있으면
곧바로 그곳에 가서
힘써 그들을 고통에서 건져 줍니다.

일체 국토 중에

축생들이 서로 잡아먹으면
다 그들에게 태어나서
그들을 위하여 이익이 되게 합니다.

오욕을 받는 것도 보이고
다시 참선하는 것도 보여서
마군의 마음을 어지럽게 만들어
그들이 기회를 잡지 못하게 합니다.

불 속에서 핀 연꽃이
가히 희유하듯이
욕심 중에 있으면서
참선을 함이 희유함도 그와 같습니다.

혹은 음탕한 여자가 되어
모든 호색한 이들을 이끌어
먼저 욕망으로 끌어당겨 놓고
뒤에는 부처님의 지혜에 들게 합니다.

유마경

혹은 한 고을의 주인도 되고
혹은 상인들의 인도자도 되고
국사도 되고 대신도 되어
중생을 도와서 이익 되게 합니다.

모든 가난한 사람들에게는
무진장의 재산가가 되어
그로 말미암아 그들을 권고하고 인도하여
보리심을 발하게 합니다.

나는 아만심이 많고 교만한 사람에게는
큰 역사로 나타나서
자신을 높이는 마음을 녹여 항복받아서
최상의 높은 도에 머물게 합니다.

두려움에 떠는 대중이 있으면
그들 앞에 나타나 위로하여 편안하게 하고
먼저 두려움 없음을 베풀고

뒤에는 도에 마음을 내게 합니다.

혹은 음욕을 멀리함을 나타내어
다섯 가지 신통을 지닌 신선이 되어
온갖 중생을 가르쳐 제도하여
계율과 인욕과 자비에 머물게 합니다.

일을 도와줄 사람을 찾으면
어린 종이 되어 나타나서
그의 마음을 기쁘게 하여
도에 대한 마음을 내도록 합니다.

다른 사람이 필요로 함을 따라서
불도에 들어가게 하고
훌륭한 방편력으로
다 능히 흡족하게 하여 줍니다.

이와 같은 도가 한량이 없고

행하는 일이 끝이 없으며
지혜도 변제가 없어
무수한 중생을 제도합니다.

가령 일체 모든 부처님이
무수한 억겁 동안에
그 공덕을 찬탄하더라도
오히려 능히 다하지 못합니다.

어떤 사람인들 이 법문을 듣고
보리심을 일으키지 아니하겠습니까?
저 불초한 인간과 어리석고 캄캄하여
무지한 사람은 제외합니다.

주
·

1) 비도(非道) : 정도가 아닌 행위.

2) 나라연(那羅延) : 천상의 역사(力士)로서, 그 힘의 세기가 코끼리의 백만 배나 된다고 한다.

3) 5욕(五欲) : ①재물욕(財物欲) ②색욕(色欲=성욕) ③식욕(食欲) ④수면욕(睡眠慾) ⑤명예욕(名譽慾).

4) 네 가지 전도[四顚倒] : 진리와 반대로 생각하는 네 가지의 잘못된 사고방식. 4전도(四顚倒). 즉 열반(깨달음)의 세계는 상(常)·낙(樂)·아(我)·정(淨)인데 반대로 무상(無常)·무락(無樂)·무아(無我)·무정(無淨)으로 생각하는 것을 말한다.

5) 다섯 가지 번뇌[五蓋] : 심성을 가리어 선법(善法)을 할 수 없게 하는 다섯 가지 번뇌 즉 탐욕개(貪慾蓋, 탐욕), 진에개(瞋恚蓋, 성냄), 수면개(睡眠蓋, 마음이 혼미하고 흐린 것), 도회개(掉悔蓋, 마음이 흔들리는 것), 의법개(疑法蓋, 법에 대한 의심).

6) 7식처(七識處) : ①욕계의 인천식주(人天識住)와 ②색계의 초선천식주(初禪天識住), ③2선천식주, ④3선천식주, 그리고 ⑤무색계의 공처천식주(空處天識住), ⑥식처천식주(識處天識住), ⑦무소유처천식주.

7) 8사법(八邪法) : 제3장 주 2 참조.

8) 9뇌(九惱) : 석가모니 부처님이 이 세상에 있을 때에 겪은 아홉 가지 재난. 곧 음탕한 여인 손타리(孫陀利)에게 비방을 받은 것, 전차(旃遮) 바라문 여인에게 비방을 받은 것, 제바달다(提婆達

多)에게 엄지발가락을 상한 것, 나무에 다리를 찔린 것, 비루리
(毘樓璃) 왕 때문에 두통을 앓은 것, 아기달다바라문(阿耆達多
婆羅門) 때문에 마맥(馬麥)을 받아먹은 것, 찬바람으로 말미암
아 등창을 앓은 것, 도를 이루기 전에 6년 동안 고행한 것, 바라
문의 마을에 들어가 먹을 것을 구걸했으나 얻지 못한 것을 이
른다.

9) 10불선도(十不善道) : 10불선업도(十不善業道)라고도 한다. 몸·
입·뜻(身·口·意)으로 짓게 되는 열 가지 불선(不善; 惡) 행위의
도(道). 곧 몸으로는 살생하는 것, 도둑질하는 것, 음행하는 것
이며, 입으로는 거짓말하는 것, 꾸미는 말을 하는 것, 험담하는
것, 이간질하는 것이며, 뜻으로는 탐욕심을 내는 것, 화내는 것,
사견(邪見)을 갖는 것 등이다.

10) 7정화(七淨華) : ①계정(戒淨) : 계를 잘 지켜서 그 말이나 행동
이 모두 청정하여진 상태. ②심정(心淨) : 계율을 잘 지킨 결과
로 마음에 번뇌가 없어진 상태. ③견정(見淨) : 마음에 번뇌가
없어졌으므로 사물과 사건을 보는 견해가 바르고 공정하여진
상태. ④도의정(度疑淨) : 모든 의혹을 없애서 몸과 마음이 완전
히 청정하게 된 것. ⑤분별도정(分別道淨) : 선악 정사(正邪) 시
비를 분별하여 아는 데 조금도 어긋나지 않고 하나하나 정당한
판단을 내릴 수 있는 것. ⑥행단지견정(行斷知見淨) : 불법을 널
리 펴는 행(行)과 번뇌를 끊기 위한 노력[斷]과 만물의 실상을
잘 아는 지견(知見)이 모두 청정하여진 것. ⑦열반정(涅槃淨) :
정각을 성취하여 부처님의 경지에 이른 것.

제8장 불도품

제9장
입불이법문품(入不二法門品)
—
불이의 법문으로 들어가다

그때에 유마힐이 여러 보살에게 말하였다.

"여러 훌륭하신 분들이여, 무엇이 보살이 둘이 아닌 법문에 들어가는 것입니까? 각각 좋아하는 바를 따라서 말씀해 주십시오."

법회 중에 보살이 있었는데 이름은 법자재(法自在)였다. 법자재보살이 말하였다.

"모든 훌륭하신 분들이여, 생과 멸이 둘이지만 법은 본래 나는 것이 아니므로 지금 곧 소멸이 없습니다. 이러한 무생법인(無生法忍)을 증득하는 이것이 둘이 아닌 법문에 들어가는 것이 됩니다."

덕수(德守) 보살이 말하였다.

"나와 나의 것이 둘이지만, 내가 있음을 인하여 곧 나의 것이 있게 된 것입니다. 만약 내가 없으면 곧 나의 것도 없습니다. 이것이 둘이 아닌 법문에 들어가는 것이 됩니다."

불순(不眴) 보살이 말하였다.

"받아들이는 것과 받아들이지 않는 것이 둘이지만 만약 법을 받아들이지 아니하면 얻을 수 없습니다. 얻을 수 없으므로 취함도 없고 버림도 없으며 지음도 없고 행함도 없습니다. 이것이 둘이 아닌 법문에 들어가는 것이 됩니다."

덕정(德頂) 보살이 말하였다.

"더러움과 깨끗함이 둘이지만 더러움의 실다운 성품을 보면 곧 깨끗한 모양도 없어서 적멸의 모습을 따르게 됩니다. 이것이 둘이 아닌 법문에 들어가는 것이 됩니다."

선숙(善宿) 보살이 말하였다.

"움직임과 생각이 둘이지만, 움직이지 아니하면 곧 생각이 없으며 생각이 없으면 곧 분별이 없습니다. 이 이치를 통달한 사람이 이것이 둘이 아닌 법문에 들어가는 것이 됩니다."

선안(善眼) 보살이 말하였다.

"일상과 무상이 둘이지만, 만약 일상이 곧 무상인 줄 알고 또한 무상도 취하지 아니하면 평등한 곳에 들어갑니다. 이것이 둘이 아닌 법문에 들어가는 것이 됩니다."

묘비(妙臂) 보살이 말하였다.

"보살의 마음과 성문의 마음이 둘이지만, 마음의 모습이 공하여 환화와 같음을 관찰하면 보살의 마음도 없고 성문의 마음도 없습니다. 이것이 둘이 아닌 법문에 들어가는 것이 됩니다."

불사(弗沙) 보살이 말하였다.

"선과 불선이 둘이지만, 만약 선도 불선도 일으키지 아니하여 형상이 없는 경계에 들어가 통달하면 이것이 둘이 아닌 법문에 들어가는 것이 됩니다."

사자(師子) 보살이 말하였다.

"죄와 복이 둘이지만, 만약 죄의 본성을 통달하면 곧 복과 다름이 없습니다. 금강의 지혜로 이러한 모양을 깨달아서 속박도 없고 벗어남도 없으면 이것이 둘이 아닌 법문에 들어가는 것이 됩니다."

사자의(師子意) 보살이 말하였다.

"유루와 무루가 둘이지만, 만약 모든 법이 평등함을 얻으면 유루와 무루의 생각을 일으키지 아니하고 형상에도 집착하지 아니하며 또한 형상 없음에도 머물지 아니합니다. 이것이 둘이 아닌 법문에 들어가는 것이 됩니다."

정해(淨解) 보살이 말하였다.

"유위와 무위가 둘이지만, 만약 일체의 숫자를 떠나면 곧 마음이 허공과 같아서 청정한 지혜로서 걸릴 바가 없습니다. 이것이 둘이 아닌 법문에 들어가는 것이 됩니다."

나라연(那羅延) 보살이 말하였다.

"세간과 출세간이 둘이지만, 세간의 본성이 공한 것이 곧 출세간입니다. 그 가운데에 들어가지도 아니하고 나

가지도 아니하며 넘치지도 아니하고 흩어지지도 아니합니다. 이것이 둘이 아닌 법문에 들어가는 것이 됩니다."

선의(善意) 보살이 말하였다.

"생사와 열반이 둘이지만, 만약 생사의 본성을 보면 곧 생사가 없어서 속박도 없고 해탈도 없으며 생기지도 아니하고 소멸하지도 아니합니다. 이처럼 이해하는 것이 둘이 아닌 법문에 들어가는 것이 됩니다."

현견(現見) 보살이 말하였다.

"다함과 다하지 아니함이 둘이지만, 법이 만약 구경(究竟)에 다하거나 만약 다하지 아니하면 모두가 다함이 없는 모양입니다. 다함이 없는 모양이 곧 텅 비어 공한 것이며 공하면 다함과 다하지 아니한 모양이 없습니다. 이와 같은 이치에 들어간 것이 둘이 아닌 법문에 들어가는 것이 됩니다."

보수(普守) 보살이 말하였다.

"아(我)와 무아(無我)가 둘이지만, 아도 오히려 얻지 못하는데 아가 아닌 것을 어찌 얻을 수 있겠습니까. 아의 실다운 성품을 보는 사람은 두 가지를 일으키지 아니합니다. 이것이 둘이 아닌 법문에 들어가는 것이 됩니다."

전천(電天) 보살이 말하였다.

"명(明)과 무명(無明)이 둘이지만, 무명의 실다운 성품이 곧 명이며 명도 또한 취할 수 없어서 일체 숫자를 떠났으나 그 가운데서 평등하여 둘이 없는 것이 둘이 아닌 법문에 들어가는 것이 됩니다."

희견(喜見) 보살이 말하였다.

"색(色)과 색이 공한 것이 둘이지만, 색이 곧 공이며 색이 소멸한 뒤의 공이 아니므로 색의 본성이 저절로 공합니다. 이처럼 수·상·행·식과 수·상·행·식이 공함이 둘이 되지만 식이 곧 공이며 식이 소멸하여 공함이 아닙니다. 식의 본성이 저절로 공하여 그 가운데 통달한 사람은 둘이 아닌 법문에 들어가는 것이 됩니다."

명상(明相) 보살이 말하였다.

"지·수·화·풍 네 가지의 다름과 공의 다름이 둘이 되지만, 네 가지의 본성은 곧 공의 본성입니다. 앞과 같이 뒤도 공하므로 중간도 또한 공합니다. 만약 능히 이처럼 모든 종류의 본성을 아는 사람이 둘이 아닌 법문에 들어가는 것이 됩니다."

묘의(妙意) 보살이 말하였다.

"눈과 사물이 둘이지만, 만약 눈의 본성을 알면 사물에 대해서 탐내지도 아니하고 성내지도 아니하고 어리석지도 아니합니다. 이것을 적멸이라 합니다. 이처럼 귀와 소리, 코와 향기, 혀와 맛, 몸과 촉감, 뜻과 법이 둘이지만, 만약 뜻의 본성을 알면 법에 대해서 탐내지도 아니하고 성내지도 아니하고 어리석지도 아니합니다. 이것을 적멸이라 합니다. 그 가운데 안주하는 것이 둘이 아닌 법문에 들어가는 것이 됩니다."

무진의(無盡意) 보살이 말하였다.

"보시와 일체 지혜에 회향하는 것이 둘이지만, 보시의 본성이 곧 일체 지혜에 회향하는 본성입니다. 이처럼 지계·인욕·정진·선정·지혜와 일체 지혜에 회향하는 것이 둘이지만, 지혜의 본성이 곧 일체 지혜에 회향하는 본성입니다. 그 가운데서 하나의 모양에 들어간 사람은 둘이 아닌 법문에 들어가는 것이 됩니다."

심혜(深慧) 보살이 말하였다.

"공과 무상과 무작이 둘이지만, 공이 곧 무상이며 무상이 곧 무작입니다. 공과 무상과 무작은 곧 마음에 의식[心意識]이 없는 것입니다. 하나의 해탈문이 곧 세 가지 해탈문입니다. 이것이 둘이 아닌 법문에 들어가는 것이 됩니다."

적근(寂根) 보살이 말하였다.

"부처님과 법과 대중[僧]이 둘이지만, 부처님이 곧 법이고 법이 곧 대중입니다. 이 삼보가 다 무위의 모습이어서 허공과 평등합니다. 일체의 법도 또한 그러하니 능히 이러한 행을 따르는 사람은 둘이 아닌 법문에 들어가는 것이 됩니다."

심무애(心無碍) 보살이 말하였다.

"몸과 몸의 소멸이 둘이지만, 몸이 곧 몸의 소멸입니다. 왜냐하면 몸의 실상을 보는 사람은 몸을 보는 것과 몸의 소멸을 보는 것을 일으키지 않기 때문입니다. 몸과 몸의 소멸이 둘도 없고 분별도 없습니다. 그 가운데서 놀라지도 아니하고 두려워하지도 않는 사람은 둘이 아닌 법문에 들어가는 것이 됩니다."

상선(上善) 보살이 말하였다.

"몸과 입과 뜻의 업이 둘이지만, 이 3업이 모두 지음이 없는 모습입니다. 몸의 지음이 없는 모습이 곧 입의 지음이 없는 모습이며, 입의 지음이 없는 모습이 곧 뜻의 지음이 없는 모습입니다. 이 3업의 지음이 없는 모습이 곧 일체 법의 지음이 없는 모습입니다. 능히 이처럼 지음이 없는 지혜를 따르는 사람은 둘이 아닌 법문에 들어가는 것이 됩니다."

복전(福田) 보살이 말하였다.

"복의 행과 죄의 행과 움직이지 않는 행이 둘이지만, 세 가지 행의 실다운 본성이 곧 공합니다. 공해서 복의 행이 없으며 죄의 행도 없으며 움직이지 않는 행도 없습니다. 이 세 가지 행에 일으키지 않는 사람이라야 이것이 둘이 아닌 법문에 들어가는 것이 됩니다."

화엄(華嚴) 보살이 말하였다.

"나로부터 두 가지를 일으키는 것이 둘이지만, 나의 실상을 보는 사람은 두 가지 법을 일으키지 아니합니다. 만약 두 가지 법에 머물지 아니하면 곧 앎이 없습니다.

아는 바가 없는 이것이 둘이 아닌 법문에 들어가는 것이 됩니다."

덕장(德藏) 보살이 말하였다.

"얻을 것이 있는 모습이 둘이지만, 만약 얻을 것이 없으면 곧 취하고 버릴 것이 없습니다. 취하고 버릴 것이 없는 이것이 둘이 아닌 법문에 들어가는 것이 됩니다."

월상(月上) 보살이 말하였다.

"어둠과 밝음이 둘이지만, 어둠도 없고 밝음도 없으면 곧 둘이 없습니다. 왜냐하면 느낌과 생각이 소멸한 선정에 들어가면 어둠도 없고 밝음도 없기 때문입니다. 일체 법의 모양도 또한 다시 이와 같아서 그 가운데에 평등하게 들어간 사람은 둘이 아닌 법문에 들어가는 것이 됩니다."

보인수(寶印手) 보살이 말하였다.

"열반을 좋아하고 세간을 싫어하는 것이 둘이지만, 만약 열반을 좋아하지 아니하고 세간을 싫어하지 아니하면 곧 둘이 없습니다. 왜냐하면 만약 속박이 있으면 해탈도 있지만, 만약 본래 속박이 없으면 그 누가 해탈을 구하겠습니까. 속박도 없고 해탈도 없으면 곧 좋아하고 싫어함이 없습니다. 이것이 둘이 아닌 법문에 들어가는 것이 됩니다."

주정왕(珠頂王) 보살이 말하였다.

"정도(正道)와 사도(邪道)가 둘이지만, 정도에 머문 사람은 사도와 정도를 분별하지 아니합니다. 이 두 가지를 떠난 이것이 둘이 아닌 법문에 들어가는 것이 됩니다."

낙실(樂實) 보살이 말하였다.

"진실과 진실이 아님이 둘이지만, 진실을 보는 사람은 오히려 진실도 보지 아니하는데 어찌 하물며 진실이 아님을 보겠습니까. 왜냐하면 육안으로 보는 바가 아니며 혜안으로 능히 보기 때문입니다. 이 혜안은 봄도 없고 보지 않음도 없습니다. 이것이 둘이 아닌 법문에 들어가는 것이 됩니다."

이처럼 모든 보살이 각각 설하여 마치고 나서 문수사리에게 물었다.

"무엇이 보살의 둘이 아닌 법문에 들어가는 것입니까?"

문수사리가 말하였다.

"제 생각으로는 일체 법에 언설(言說)이 없으며 보임도 없고 앎도 없어서 모든 문답을 떠난 것이 이것이 둘이 아닌 법문에 들어가는 것이 됩니다."

이에 문수사리가 유마힐에게 물었다.

"우리는 각각 스스로 다 설하였습니다. 어지신 분은 마땅히 무엇이 보살의 둘이 아닌 법문에 들어가는 것이라고 말씀하시겠습니까?"

그때에 유마힐은 묵묵히 말이 없었다.

문수사리가 찬탄하여 말하였다.

"훌륭하고 훌륭하십니다. 문자와 언어가 없는 것이 참으로 둘이 아닌 법문에 들어가는 것입니다."

이 「불이법문품(不二法門品)」을 설할 때에 이 대중 중에 5천 보살이 모두 다 둘이 아닌 법문에 들어가서 무생법인(無生法忍)을 얻었다.

제10장

향적불품(香積佛品)

—

향적여래의 설법

이에 사리불이 생각하였다.

'식사를 할 때가 되었는데 이 모든 보살이 어떻게 식사할 것인가?' 하니 유마힐이 그 뜻을 알고 말하였다.

"부처님은 8해탈(八解脫)을 설하시고 그대는 받아 행해야 하는데 어찌 식사하고자 하는 생각을 뒤섞어서 법을 듣는가? 만약 식사하고자 한다면 잠깐만 기다리십시오. 마땅히 그대에게 미증유의 음식을 먹을 수 있게 하겠습니다."

그때에 유마힐이 곧 삼매에 들어가서 신통력으로 여

러 대중에게 보였다. 상방세계 쪽으로 42항하의 모래 수와 같은 불토를 지나서 나라가 있는데 나라의 이름은 중향국이며 부처님의 호는 향적이다. 지금 그 나라에 계시는데 향기가 시방 모든 세계의 인간과 천상의 향기를 비교해도 가장 제일이었다.

그 국토에는 성문과 벽지불의 이름은 없고 오직 청정한 큰 보살 대중만 있어서 부처님이 그들을 위하여 설법하신다. 그 국토의 경계에는 일체가 다 향으로써 누각을 지었으며, 향기의 땅에서 경행하며 동산도 모두 향이다. 그 나라의 음식 향기는 시방의 한량없는 세계에 두루 퍼져 있다. 그때에 저 부처님이 여러 보살과 함께 앉아서 식사하려고 하였다. 여러 천자가 있어서 모두 호를 향엄이라 하였다. 모두 다 아뇩다라삼먁삼보리심을 발해서 저 부처님과 여러 보살에게 공양하였는데 여기에 있는 많은 대중이 눈으로 환히 보고 있었다.

그때에 유마힐이 여러 보살에게 물었다.

"여러 보살이여, 누가 능히 저 부처님의 음식을 가져올 수 있습니까?"

문수사리의 위신력으로 말미암아 모두 다 묵묵하였다.

유마힐이 말하였다.

"인자(仁者, 문수사리를 가리킴)여, 이 대중이 부끄러워할 것은 없습니다."

문수사리가 말하였다.

"부처님이 말씀하신 바와 같이 아직 배우지 못한 사람을 가벼이 여기지 마십시오."

이에 유마힐이 자리에서 일어나지도 않고 대중 앞에서 보살을 변화하여 만들었다. 상호는 빛나고 위덕은 수승하여 대중을 모두 가려 버렸다. 변화하여 만든 보살에게 말하였다.

"그대는 상방의 세계로 가되 42억 항하의 모래 수와 같은 불토를 지나면 나라가 있으니 이름이 중향(衆香)이며 부처님의 호는 향적(香積)입니다. 여러 보살과 함께 막 식사를 하려고 하니 그대는 내가 말한 것과 같이 이렇게 하십시오. '유마힐이 세존의 발에 머리 숙여 예배하고 한량없이 공경하며 문안하라고 하였습니다. 〈기거(起居)하심에 병도 없으시고 괴로움도 없으시며 기력은 편안하십니까? 원하옵건대 세존께서 식사하시고 남은 음식을 얻어서 사바세계에 불사를 지으려고 합니다. 작은 법을 좋아하는 사람들에게 큰 도를 얻게 하며 또한 여래의 명성이 널리 들리게 하려고 합니다.〉라고 하십시오.'"

그때에 변화하여 만든 보살이 곧 대중 앞에서 상방으로 올라가니 모든 대중이 그 보살이 가서 중향(衆香)세계에 이르러 저 부처님 발에 예배하는 것을 다 보았다. 또 그 보살이 말하는 것을 들으니, "유마힐이 세존의 발에 머리 숙여 예배하고 한량없이 공경하며 문안하라고 하였습니다. '기거하심에 병도 없으시고 괴로움도 없으시며 기력은 편안하십니까? 원하옵건대 세존께서 식사하시고 남은 음식을 얻어서 사바세계에 불사를 지으려고 합니다. 작은 법을 좋아하는 사람들에게 큰 도를 얻게 하며 또한 여래의 명성이 널리 들리게 하려고 합니다.'라고 하였습니다." 하였다.

그곳의 여러 대사(大士)가 변화한 보살을 보고 미증유라고 찬탄하였다.

"지금 이 상인(上人)은 어느 곳에서 왔으며 사바세계는 어디에 있는가? 왜 이름을 작은 법을 좋아하는 사람이라고 하는가?" 하며 곧 부처님께 물었다.

향적(香積) 부처님이 고하여 말씀하셨다.

"하방(下方)으로 42항하의 모래 수와 같은 불토를 지나서 세계가 있느니라. 이름은 사바(娑婆)이며 부처님의 호는 석가모니이니라. 지금 오탁 악세에 계시면서 작은 법을 좋아하는 중생을 위해서 불도의 가르침을 설하시고 계시느니라. 그곳에 보살이 있으니 이름이 유마힐이니라.

불가사의 해탈에 머물면서 많은 보살을 위하여 법을 설하는데 짐짓 변화한 보살을 보내와서 나의 이름을 칭양하며 아울러 이 불토를 찬탄하게 해서 저 유마 보살의 공덕을 더욱 증익하도록 하느니라."

그 보살이 말하였다.

"그 사람은 어떤 사람이기에 변화한 보살로서 덕의 힘과 두려움 없음과 날아다니는 신통[神足]이 이와 같은 이를 만들었습니까?"

부처님이 말씀하셨다.

"매우 위대한 보살이라서 일체 시방에 변화한 보살을 모두 보내어 불사를 베풀어서 중생을 요익하게 하느니라."

이에 향적 여래가 여러 개의 향기 발우에 향기 밥을 가득 담아서 변화한 보살에게 주었다.

그때에 그곳의 9백만 보살이 함께 소리를 내어 말하였다.

"우리는 사바세계에 가서 석가모니 부처님께 공양하고자 하며 또한 유마힐 등 여러 보살 대중을 뵙고자 합니다."

부처님이 말씀하셨다.

"그 나라에 가더라도 그대들 몸의 향기를 거두어들여서 그 나라의 모든 중생에게 미혹하여 집착하는 마음을 일으키지 않도록 하라. 또한 그대들 본래의 형상을 버려서 그 나라의 보살을 구하는 사람들에게 자신을 스스로 천하고 부끄럽게 여기지 않도록 하라. 또한 그대들은 그 나라 사람들을 가벼이 여기고 비천하게 여겨서 장애되는 생각을 내지 마라. 왜냐하면 시방 국토가 다 허공과 같기 때문이니라.

또한 모든 부처님이 작은 법을 좋아하는 사람들을 교화하기 위해서 청정한 국토를 다 나타내지는 아니할 뿐이니라.”

그때에 변화한 보살이 이미 발우에 밥을 받아서 그 국토의 9백만 보살과 함께 부처님의 위신력과 유마힐의 힘을 받들어 그 세계에서 홀연히 사라지더니 잠깐 사이에 유마힐의 집에 이르렀다.

그때에 유마힐이 9백만 개의 사자좌를 변화하여 만들었다. 장엄하고 아름다운 것은 앞에서 빌려 온 것과 똑같고 모든 보살이 그 위에 다 앉았다. 그때에 변화한 보살이 발우에 가득 담아온 향기 밥을 유마힐에게 주었다. 밥의 향기가 비야리 성과 삼천대천세계에 널리 퍼졌다.

그때에 비야리 성에 있던 바라문과 거사들이 이 향기를 맡고 몸과 마음이 상쾌하여져서 미증유를 얻었다. 이에 장자 중에서 주장인 월개가 8만 4천 사람을 거느리고 유마힐의 집에 들어왔다. 그 방 안에 있는 보살들도 대단히 많고 또 모든 사자좌도 높고 넓게 장엄한 아름다운 것을 보고는 모두 다 크게 환희하여 여러 보살과 큰 제자들에게 예배하고 물러나 한쪽에 머물렀다. 또 모든 지신(地神)과 허공신과 욕계와 색계의 모든 하늘에서도 이 향기를 맡고는 또한 모두 유마힐의 집에 들어왔다.

그때에 유마힐이 사리불 등 여러 큰 성문들에게 말하였다.

"인자들이여, 식사하십시오. 여래의 감로 맛의 밥은 큰 자비로 향기를 피운 것입니다. 제한하는 생각으로 먹어서 소화를 못 시키는 일은 없도록 하십시오."

다른 어떤 성문이 있다가 '밥이 너무 적어서 이 대중이 사람 사람마다 다 먹을 수 있을까'라고 생각하였다. 변화한 보살이 말하였다.

"성문의 작은 덕과 작은 지혜로 여래의 한량없는 복과 지혜를 헤아리지 마라. 사해가 다할지라도 이 밥은 다하지 않느니라. 일체 사람을 다 먹게 하더라도 마치 수미산과 같아서 1겁에 이를지라도 오히려 다하지 않느니라. 왜냐하면 다함이 없는 계율과 선정과 지혜와 해탈과 해탈지견인 공덕을 구족한 부처님이 먹고 남은 것은 마침내 다하지 않기 때문이니라."

이에 발우의 밥이 법회 대중을 모두 배부르게 했으나 그 밥은 오히려 다하지 않았다. 그리고 이 밥을 먹은 모든 보살과 성문과 천인(天人)들이 다 몸이 편안하고 상쾌하고 즐거웠다. 비유컨대 일체락장엄국(一切樂莊嚴國)의 모든 보살과 같았다. 또한 모든 모공(毛孔)에서 미묘한 향기가 나오는 것이 또한 중향국토(衆香國土)의 온갖 나무에서 나오는 향기와 같았다.

그때에 유마힐이 중향국의 보살에게 물었다.

"향적 여래는 무엇으로써 설법합니까?"

저 보살이 말하였다.

"우리 국토의 여래는 문자나 말씀이 없고 다만 온갖 향기로써 모든 천인(天人)에게 계율의 행에 들어가게 합니다. 보살들은 각각 향나무 밑에 앉아서 이 아름다운 향기를 맡고는 곧 일체덕장삼매(一切德藏三昧)를 얻습니다. 이 삼매를 얻은 사람은 보살이 지녀야 하는 공덕을 모두 다 구족합니다."

저 여러 보살이 유마힐에게 물었다.

"지금 세존 석가모니께서는 무엇으로써 설법하십니까?"

유마힐이 말하였다.

"이 국토의 중생은 굳세고 굳세어서 교화하기 어려운 까닭에 부처님도 그들을 위하여 굳세고 굳센 말로써 그들을 조복합니다. 말씀하시기를, 이것은 지옥이다, 이것은 축생이다, 이것은 아귀다, 이곳은 살기 어려운 곳이다, 이곳은 어리석은 사람이 사는 곳이다, 이것은 몸[身]의 삿된 행(行)이다, 이것은 몸의 삿된 행의 과보(果報)다, 이것은 입[口]의 삿된 행이다, 이것은 입의 삿된 행의 과보다, 이것은 생각[意]의 삿된 행이다, 이것은 생각의 삿된 행의 과보다,

이것은 살생(殺生)이다, 이것은 살생의 과보다, 이것은 주지 않는 것을 취한 것[偸盗]이다, 이것은 주지 않는 것을 취한 과보다, 이것은 삿된 음행[邪淫]이다, 이것은 삿된 음행의 과보다, 이것은 망어(妄語)다, 이것은 망어의 과보다, 이것은 두 가지 혀[兩舌]다, 이것은 두 가지 혀의 과보다, 이것은 악한 입[惡口]을 놀린 것이다, 이것은 악

한 입을 놀린 과보다, 이것은 옳지 못한 말(綺語)이다, 이 것은 옳지 못한 말의 과보다,

이것은 탐욕과 질투[貪慾]다, 이것은 탐욕과 질투의 과 보다, 이것은 성낸 괴로움[瞋恚]이다, 이것은 성낸 괴로움 의 과보다, 이것은 삿된 견해[邪見]다, 이것은 삿된 견해 의 과보다, 이것은 인색함[慳貪]이다, 이것은 인색함의 과 보다, 이것은 계를 무너뜨린 것[破戒]이다, 이것은 계를 무너뜨린 것의 과보다, 이것은 분노다, 이것은 분노의 과 보다, 이것은 게으름이다, 이것은 게으름의 과보다, 이것 은 뜻을 어지럽게 한 것이다, 이것은 뜻을 어지럽게 한 과보다, 이것은 어리석음이다, 이것은 어리석음의 과보다,

이것은 계(戒)를 맺는 것이다, 이것은 계를 가지는 것 이다, 이것은 계를 범하는 것이다, 이것은 꼭 지어야 할 것이다, 이것은 꼭 짓지 말아야 할 것이다, 이것은 장애 다, 이것은 장애하지 않음이다, 이것은 죄를 얻음이다, 이 것은 죄를 떠남이다, 이것은 깨끗함이다, 이것은 더러움 이다, 이것은 유루(有漏)다, 이것은 무루(無漏)다, 이것은 사도(邪道)다, 이것은 정도(正道)다, 이것은 유위(有爲)다,

이것은 무위(無爲)다, 이것은 세간이다, 이것은 열반(涅槃)이다라고 설법하십니다.

교화하기 어려운 사람은 마음이 원숭이와 같아서 여러 가지 법으로 그 마음을 제어하고 조복합니다. 비유하자면 코끼리나 말이 사나워서 조복되지 않으면 온갖 매질을 가해서 뼈에 사무치게 한 뒤에 조복하게 되는 것과 같습니다. 이처럼 굳세고 굳세어서 교화하기 어려운 중생이기 때문에 온갖 쓰디쓰고 절박한 말이라야 겨우 정도(正道)에 들어갈 수 있습니다."

저 여러 보살이 이러한 말을 듣고 나서 모두 말하였다.

"미증유로다. 저 세존 석가모니 부처님은 한량없는 자재한 능력을 감추시고 뜻이 가난한 사람이 좋아하는 법[貧所樂法]으로써 중생을 제도하시며 이 모든 보살도 또한 능히 수행을 많이 하였으나 겸손[勞謙]하여 한량없는 큰 자비로 이 불토(佛土)에 태어났습니다."

유마힐이 말하였다.

"이 국토의 보살이 모든 중생에게 큰 자비가 견고한 것은 진실로 말한 바와 같지만, 그러나 한 세상 동안 중생을 요익하게 한 것은 저 국토의 백천 겁 동안 행한 것 보다 많습니다.

왜냐하면 이 사바세계는 열 가지 훌륭한 법이 있어서 여러 다른 정토에는 없기 때문입니다. 무엇이 열 가지인 가? 보시(布施)로써 가난한 삶들을 거두어 주며, 청정한 계율로써 파계한 사람들을 거두어 주며, 인욕으로써 화 내는 사람들을 거두어 주며, 정진으로써 게으른 사람들 을 거두어 주며, 선정으로써 뜻이 산란한 사람들을 거두 어 주며, 지혜로써 어리석은 사람들을 거두어 주며, 어려 움을 제거하는 법을 설하여 여덟 가지 어려움을 해결하 며, 대승법(大乘法)으로써 소승을 좋아하는 사람들을 제 도하며, 온갖 선근(善根)으로써 덕이 없는 사람들을 제 도하며, 항상 4섭법(四攝法)으로써 중생을 성취하게 합니 다. 이것이 열 가지 훌륭한 법입니다.”

저 보살이 말하였다.

“보살이 몇 가지 법을 성취해야 이 세계에서 흠[瘡疣] 이 없음을 행하여 정토에 태어납니까?”

유마힐이 말하였다.

"보살이 여덟 가지 법을 성취해야 이 세계에서 흠이 없음을 행하여 정토에 태어납니다. 무엇이 여덟 가지인가 하면, 중생을 요익하게 하더라도 그 과보를 바라지 아니하며, 일체 중생을 대신해서 모든 고통을 받고 지은 공덕을 중생에게 다 베풀며, 마음을 중생과 평등하게 해서 겸손하게 걸림이 없으며, 모든 보살을 부처님처럼 보며, 아직 듣지 못한 경전을 듣고 의심하지 아니하며, 성문(聲聞)과 더불어 서로 위배하지 아니하며, 다른 사람의 공양을 질투하지 아니하여 자기의 이익을 높이지 아니하고 그 가운데서 그 마음을 조복받아 항상 자신의 허물을 살피고 다른 사람의 단점을 꾸짖지 아니하며, 언제나 오직 한마음으로 모든 공덕을 구합니다. 이것이 여덟 가지 법입니다."

유마힐과 문수사리가 대중 가운데서 이 법문을 설할 때에 백천 천인들이 모두 아뇩다라삼먁삼보리심을 발하였고 십천 보살은 무생법인(無生法忍)을 얻었다.

제11장

보살행품(菩薩行品)

—

보살행의 일체 공덕

그때에 부처님이 암라 나무 동산에서 설법하고 계셨는데 그 땅이 홀연히 넓어지고 장엄하여졌으며 일체 대중은 모두 금빛이 되었다. 아난이 부처님께 말씀 드렸다.

"세존이시여, 무슨 인연으로 이러한 상서(祥瑞)가 있어서 이곳이 홀연히 넓어지고 장엄하여졌으며 일체 대중은 모두 금빛이 되었습니까?"

부처님께서 아난에게 말씀하셨다.

"유마힐과 문수사리가 여러 대중에게 공경히 에워싸여서 이곳에 오려고 마음을 내었기 때문에 먼저 이러한 상서가 있는 것이다."

이에 유마힐이 문수사리에게 말하였다.

"함께 가서 부처님을 뵙고 여러 보살과 함께 예배하고 공양하도록 하십시다."

문수사리가 말하였다.

"좋습니다. 가십시다. 지금이 바로 그때입니다."

유마힐이 곧 신통력으로 여러 대중과 사자좌를 가져 오른쪽 손바닥 위에 올려놓고 부처님의 처소에 나아갔다. 도착한 뒤에 땅에 내려놓고 부처님의 발에 머리 숙여 예배하였다. 오른쪽으로 일곱 번 돌고 일심(一心)으로 합장하고 한쪽에 서 있었다. 그 여러 보살도 곧 자리를 피하여 부처님의 발에 머리 숙여 예배하고 역시 일곱 번 돌고 한쪽에 서 있었다. 여러 큰 제자들과 제석(帝釋)과 범천(梵天)과 사천왕(四天王) 등도 역시 자리를 피하여 부처님의 발에 머리 숙여 예배하고 한쪽에 서 있었다. 이에 세존께서 여법하게 여러 보살에게 위문하고 나서 각각 앉게 하였다. 곧 모두 가르침을 받아 대중이 앉게 되었다.

부처님이 사리불에게 말씀하셨다.

"그대는 보살대사의 신통력으로 하는 것을 보았는가?"

"예, 이미 보았습니다."

"어떻게 생각하는가?"

"세존이시여, 저는 불가사의하여 생각으로 도모할 것도 아니며 헤아려서 측량할 것도 아님을 보았습니다."

그때에 아난이 부처님께 말씀드렸다.

"세존이시여, 지금 맡은 향기는 옛날부터 있었던 것이 아닙니다. 이것은 무슨 향기입니까?"

부처님께서 아난에게 말씀하셨다.

"이것은 저 보살들의 모공에서 나는 향기이니라."

이에 사리불이 아난에게 말하였다.

"우리의 모공에서도 또한 이러한 향기가 납니다."

아난이 말하였다.

"이것은 어디에서 온 것입니까?"

"이것은 장자 유마힐이 중향국의 향적 부처님이 남기신 밥을 가져다가 그의 집에서 먹게 한 사람들은 모두 모공에서 다 이와 같은 향기가 납니다."

아난이 유마힐에게 물었다.

"이 향기가 얼마나 오래 머무릅니까?"

유마힐이 말하였다.

"이 밥이 소화될 때까지입니다."

"이 밥은 얼마나 있어야 소화가 됩니까?"

"이 밥의 힘은 7일이 지난 뒤에 소화됩니다. 또한 아난이여, 만약 성문인(聲聞人)이 아직 바른 지위에 들어가지 못 한 채 밥을 먹은 사람이라면 바른 지위에 들어간 후에 소화됩니다. 이미 바른 지위에 들어간 상태에서 이 밥을 먹은 사람이라면 마음의 해탈을 얻은 후에 소화됩니다. 만약 아직 대승의 뜻을 드러내지 못하고 이 밥을 먹은 사람이라면 대승의 뜻을 드러내게 되면 소화될 것입니다. 이미 대승의 뜻을 드러낸 후 이 밥을 먹은 사람이라면, 무생법인(無生法忍)을 얻은 후에 소화될 것입니다. 이미 무생법인을 얻고 나서 이 밥을 먹은 사람이라면 일생보처(一生補處)¹⁾에 이른 후에 소화가 될 것입니다. 비유하자면 마치 약이 있는데 이름이 상미(上味)입니다.

그것을 먹은 사람은 몸의 모든 독기가 소멸한 뒤에 소화되는 것과 같이 이 밥도 이와 같아서 일체 모든 번뇌의독기를 소멸한 뒤에 소화됩니다."

아난이 부처님께 말씀드렸다.

"미증유입니다. 세존이시여, 이와 같은 향기 밥으로도 능히 불사를 짓습니까?"

부처님이 말씀하셨다.

"그렇다. 그렇다. 아난아, 혹 어떤 불토는 부처님의 광명으로 불사를 지으며, 또 어떤 국토는 여러 보살로 불사를 지으며 어떤 국토는 부처님이 변화한 사람으로 불사를 지으며, 어떤 국토는 보리수로 불사를 지으며, 어떤국토는 부처님의 의복과 와구(臥具)로써 불사를 짓느니라.

어떤 국토는 음식으로 불사를 지으며, 어떤 국토는 동산·숲·누각으로 불사를 지으며, 어떤 국토는 32상과 80수형호로 불사를 지으며, 어떤 국토는 부처의 몸으로 불사를 지으며, 어떤 국토는 허공으로 불사를 짓는데 중생이 꼭 이러한 인연이라야 계율의 행에 들어가며, 어떤 국토는 꿈과 환영과 메아리와 거울 속의 영상과 물속의 달과 아지랑이로 불사를 짓느니라.

어떤 국토는 음성과 언어와 문자로써 불사를 지으며, 혹 어떤 청정국토는 적막하고 말이 없으며, 설법도 없고 보임도 없으며, 앎도 없고 지음도 없고 작위(作爲)도 없는 것으로 불사를 짓느니라. 이처럼 아난아, 모든 부처님은 위의(威儀)의 나아가고 머무는 온갖 시위하는 바가 불사가 아닌 것이 없느니라.

아난아, 어떤 국토는 네 가지 마군이나 8만 4천 온갖 번뇌를 모든 중생은 피로하게 여기지만, 모든 부처님은 곧 이 법으로써 불사를 짓는다. 이것이 일체 제불(諸佛)의 법문에 들어가는 것이라 한다. 보살이 이 법문에 들어간 사람은 만약 일체 청정하고 아름다운 불토를 보더라도 기뻐하지 아니하고 탐내지도 아니하고 높이 여기지도 아니한다. 만약 청정하지 못한 불토를 보더라도 근심하지 아니하고 꺼리지 아니하고 숨지도 아니한다. 다만 모든 부처님께 청정한 마음으로 환희하고 공경하며 미증유라고 여긴다. 모든 부처님 여래의 공덕이 평등하지

만, 중생을 교화하기 위해서 불토가 같지 아니함을 나타
내느니라.

아난아, 그대가 모든 부처님의 국토를 보는 데 땅은 얼
마쯤 되지만, 허공은 얼마쯤이 없다. 이처럼 모든 부처님
의 색신(色身)을 보는 데는 얼마쯤이 있지만, 걸림이 없는
지혜는 얼마쯤이 없다.

아난아, 모든 부처님은 색신과 위상(威相)과 종성(種姓)
과 계와 정과 지혜와 해탈과 해탈지견과 힘과 두려움 없
음과 특별한 법과 대자대비와 위의와 소행(所行)과 그리
고 수명과 설법과 교화로 중생을 성취하여 불국토를 청
정하게 하는 등 온갖 불법을 갖춤이 모두 다 평등하니
라. 그러므로 이름이 삼먁삼불타[正遍知]며, 이름이 다타
아가도[如來]며, 이름이 불타[覺者]가 되느니라.

아난아, 만약 내가 이 세 구절[三句]의 뜻을 널리 설한
다면 그대가 몇 겁의 수명으로도 다 받아들일 수 없다.
가령 삼천대천세계에 가득한 중생이 모두 아난의 다문
(多聞)이 첫 번째가 되어 모든 것을 다 기억하는 힘을 얻
은 것과 같아지고, 또 이 모든 사람이 몇 겁의 수명을 살

더라도 또한 능히 받아들이지 못하리라. 이처럼 아난아, 모든 부처님의 아뇩다라삼먁삼보리는 한량이 없으며 지혜와 변재도 불가사의하니라."

아난이 부처님께 말씀드렸다.

"저는 지금부터 앞으로 감히 스스로 다문(多聞)한 사람이라고 하지 않겠습니다."

부처님이 아난에게 말씀하셨다.

"물러설 뜻을 일으키지 마라. 왜냐하면 나는 그대를 성문(聲聞) 가운데서 가장 다문한 사람이라고 말하였지만, 보살이라 말한 것은 아니니라. 그만두어라. 아난아, 지혜가 있는 사람도 모든 보살을 헤아릴 수 없느니라. 일체 바다는 오히려 측량할 수 있지만, 보살의 선정과 지혜와 총지(總持)와 변재와 일체 공덕은 헤아리지 못하느니라. 아난아, 그대들이 보살의 행하는 바는 버려두고 이 유마힐의 일시에 나타낸 신통력을 일체 성문과 벽지불이 백겁 천겁(千劫)을 힘을 다하여 변화해서 본다 하더라도 능히 해 볼 수 없느니라."

그때에 중향세계에서 온 보살들이 합장하고 부처님께

말씀드렸다.

"세존이시여, 저희가 처음 이 국토를 보고 하열한 생각을 내었는데 지금은 스스로 후회하고 책망하여 이러한 마음을 버렸습니다. 왜냐하면 모든 부처님의 방편은 불가사의하지만, 중생을 제도하기 위해서 그들이 응할 바를 따라서 불국(佛國)을 나타내는 것이 다르다 하였기 때문입니다. 예, 그렇습니다. 세존이시여, 바라건대 작은 법을 펼쳐 주소서. 저 국토에 돌아가서 여래를 꼭 생각하겠습니다."

부처님께서 여러 보살에게 말씀하셨다.

"다함과 다함이 없는 해탈법문이 있으니 그대들은 마땅히 배우도록 하라. 무엇이 다함인가? 유위법이니라. 무엇이 다함이 없음인가? 무위법이니라. 보살은 유위를 다하지 아니하고 무위에 머물지 않느니라. 무엇이 유위를 다하지 아니함인가? 큰 사랑을 떠나지 아니하고 크게 슬퍼함을 버리지 아니하느니라.

일체 지혜의 마음을 깊이 발하더라도 홀연히 잊어버리지 않으며 중생을 교화하지만 마침내 싫어하지 아니하며 4섭법에 항상 수순하여 행할 것을 생각하며 정법을 보호하여 지키는 데 몸과 목숨을 아끼지 아니하며, 여러 가지 선근을 심어도 싫어하지 아니하며 뜻은 항상 방편과 회향에 안주하여 법을 구함에 게으르지 않고 법을 설함에 아낌이 없느니라.

모든 부처님께 부지런히 공양함으로 생사에 들어가도 두려운 바가 없으며, 모든 영광과 오욕에도 마음은 염려하거나 기뻐하지 아니하며, 아직 배우지 못한 사람이라 하더라도 결코 가벼이 여기지 않고 공경하고 배우기를 마치 부처님께 하듯이 하며, 번뇌에 떨어진 사람에게는 바른 생각을 내도록 하여야 하느니라.

멀리 떠난 즐거움도 귀하게 여기지 아니하며 자신의 즐거움에는 집착하지 아니하고, 다른 이의 즐거움에는 기뻐하며 선정에 있으면서 지옥에 있는 듯이 생각하느니라.

생사 중에서도 동산에 노니는 것과 같이 생각하며 나에게 와서 구하는 사람을 보면 훌륭한 스승처럼 생각하며 모든 소유물을 버려서 일체 지혜를 갖출 것을 생각하

며 계율을 범하는 사람을 보면 구호할 생각을 일으킬지
니라.

모든 바라밀을 부모라고 생각하며 「37조도품」의 법을
권속이라고 생각하며 선근을 행하되 제한이 없으며 모
든 국토를 청정하게 장엄하는 일들로 자신의 불토를 성
취하느니라.

무한한 보시를 실천하여 상호를 구족하며 일체의 악
을 제거하여 몸과 입과 뜻을 청정하게 한다. 그러므로
생사의 무수한 겁에서도 마음은 용감하며 부처님의 한
량없는 덕을 듣고 그 뜻은 게으르지 않느니라.

지혜의 칼로써 번뇌의 도적을 죽이며 5음(五陰, 오온)과
18계(十八界)와 6입(六入)을 벗어나서 중생을 짊어지고 영
원히 해탈하게 하며 큰 정진으로 마군을 꺾어 항복받으
며 항상 무념과 실상과 지혜의 행을 구하며 적은 것으로
써 만족함을 알지만 세상의 법을 버리지 아니하느니라.

위의를 무너뜨리지 아니하면서 능히 세속을 따르며
신통과 지혜를 일으켜서 중생을 인도하며 총지를 생각
하여 들은 것을 잊어버리지 아니하며, 온갖 근기들을 잘

분별하여 중생의 의혹을 끊어 주며 말을 잘하는 재주로써 법을 연설함에 걸림이 없느니라. 열 가지 선(善)한 길[十善道]²⁾을 청정하게 하여 인천(人天)의 복을 누리느니라. 4무량심(四無量心)을 닦아서 범천의 길을 열어 주느니라.

설법하여 주기를 권청하며 따라서 기뻐하며 훌륭한 일을 찬탄하며 부처님의 음성을 들으며 몸과 입과 생각이 선(善)하여 부처님의 위의를 얻으며 선한 법을 깊이 닦아서 행하는 바가 더욱 뛰어나며 대승의 가르침으로 보살승을 성취하며 마음은 게으르지 아니하여 온갖 선을 잃지 않나니 이와 같은 법을 실천해야 이것이 보살의 유위를 다하지 않음이니라.

무엇이 보살의 무위에 머물지 아니한 것인가? 이를테면 공(空)을 수학(修學)하지만 공으로써 깨달음을 삼지 아니하며, 무상(無相)과 무작(無作)을 수학하지만 무상과 무작으로써 깨달음을 삼지 아니하며, 무기(無起)를 수학하지만 무기로써 깨달음을 삼지 아니하며, 무상(無常)을 관찰하지만 선(善)의 근본을 싫어하지 아니하며, 세간의 고통을 관찰하지만 생사를 싫어하지 아니한다.

무아를 관찰하지만 남을 가르치는 일에 게으르지 아니하며, 적멸을 관찰하지만 영원히 적멸하지 아니하며, 멀리 떠나는 것을 관찰하지만 몸과 마음으로 선을 닦으며, 돌아갈 곳이 없음을 관찰하지만 선법에 돌아가느니라.

무생(無生)을 관찰하지만 생멸의 법으로 일체 중생을 다 짊어지며, 무루를 관찰하지만 모든 누를 끊지 아니하며, 행할 바가 없음을 관찰하지만 법을 행함으로써 중생을 교화하며, 공무를 관찰하지만 큰 자비를 버리지 아니하며, 정법의 지위를 관찰하여 소승을 따르지 아니하느니라.

모든 법이 허망하여 견고함이 없고 주인도 없으며 주체도 없고 상(相)도 없음을 관찰하여 본래의 원이 아직 차지 않았으나 복덕과 선정과 지혜가 헛되지 아니하니라. 이와 같이 법을 닦는 것이 보살의 무위에 머물지 아니한 것이니라.

또한 복덕을 구족하기 때문에 무위에 머물지 아니하며, 지혜를 구족하기 때문에 유위를 다하지 아니하며,

크게 자비하므로 무위에 머물지 아니하며, 본래의 원(願)을 채우기 때문에 유위를 다하지 아니하며, 법의 약을 모으기 때문에 무위에 머물지 아니하며, 약을 줌을 따르기 때문에 유위를 다하지 아니하며, 중생의 병을 알기 때문에 무위에 머물지 아니하며, 중생의 병을 소멸하기 때문에 유위를 다하지 아니하느니라. 여러 정사(正士)들이여, 보살이 이미 이러한 법의 유위를 다하지 않음과 무위에 머물지 않음을 닦으면 이것이 무진해탈법문(無盡解脫法門)이니 그대들은 마땅히 배울지니라."

그때에 저 모든 보살이 이 법문을 듣고는 모두 다 환희하여 온갖 아름다운 여러 가지 꽃과 여러 가지 향으로 삼천대천세계에 두루 흩어서 부처님과 이 경법(經法)과 모든 보살에게 공양하고 나서 부처님의 발에 머리 숙여 예배하고 미증유를 찬탄하여 말하였다.

"석가모니 부처님이 능히 여기에서 방편을 잘 행하셨습니다."

이 말을 마치고 홀연히 사라져서 본국으로 돌아갔다.

1) 일생보처(一生補處) : 이번 생(生)만 마치면 다음에는 반드시 부
처의 지위에 오를 수 있는 경지.

2) 열 가지 선(善)한 길[十善道] : 불살생(不殺生), 불투도(不偸盜),
불사음(不邪淫), 불망어(不妄語), 불기어(不綺語), 불악구(不惡口),
불양설(不兩舌), 불탐욕(不貪慾), 불진에(不瞋恚), 불사견(不邪見).

제12장

견아촉불품(見阿閦佛品)

—

아촉불을 친견하다

그때에 세존께서 유마힐에게 말씀하셨다.

"그대가 여래를 보고자 하니 무엇으로써 여래를 관찰하는 것을 삼는가?"

유마힐이 말하였다.

"스스로 몸의 실상을 관찰하는 것과 같이 부처를 관찰하는 것도 또한 그렇습니다. 제가 여래를 관찰하니 앞에도 오지 않았고 뒤에도 가지 않으며 지금도 머물지 아니합니다.

여래를 색(色)으로도 관찰하지 아니하고 색(色)의 여여

[色如]함으로도 관찰하지 아니하며, 색의 본성으로도 관찰하지 아니합니다. 여래를 수·상·행·식으로도 관찰하지 아니하며 식(識)의 여여함[識如]으로도 관찰하지 아니하며 식(識)의 본성[識性]으로도 관찰하지 아니합니다.

4대(四大)에서 일어난 것도 아니어서 허공과 같으며 6입(六入)이 쌓임도 아닙니다. 안·이·비·설·신·심(心)은 이미 지나갔으므로 삼계에도 있지 아니하고 3구(三垢, 貪·嗔·痴)를 이미 떠났습니다.

3해탈문(三脫脫門)을 수순(隨順)하며 3명(三明)을 구족하며 무명과 평등하여 하나의 상(相)도 아니고 다른 상도 아니며, 자신의 상도 아니고 다른 상도 아니며, 상이 없음도 아니고 상을 취함도 아니며, 이 언덕도 아니고 저 언덕도 아니고 중간의 흐름도 아니지만 중생을 교화합니다.

적멸함을 관찰하지만 또한 영원히 적멸하지도 아니하며, 이것도 아니고 저것도 아니며, 이것으로써도 아니고 저것으로써도 아니며, 지혜로써 아는 것도 아니며 의식으로써 인식하는 것도 아닙니다. 어둠도 없고 밝음도 없으며 이름도 없고 형상도 없습니다. 강함도 없으며 약함도 없습니다. 청정함도 아니며 더러움도 아닙니다. 방향에 있는 것도 아니고 방향을 떠난 것도 아닙니다. 유위도 아니고 무위도 아닙니다. 보임도 없으며 설명할 것도 없습니다.

베풀지도 않고 아끼지도 아니하며 계를 가지지도 않고 범하지도 아니하며 참지도 않고 성내지도 아니하며 정진하지도 않고 게으르지도 아니하며 선정을 닦지도 않고 산란하지도 아니하며 지혜롭지도 않고 어리석지도 아니합니다. 진실하지도 않고 속이지도 아니하며 오지도 않고 가지도 아니하며 나가지도 않고 들어가지도 아니하여 일체 언어의 길이 다 끊어졌습니다.

복전도 아니고 복전이 아님도 아니며, 공양에 응함도 아니고 공양에 응하지 아니함도 아니며, 취함도 아니고 버림도 아니며, 상이 있음도 아니고 상이 없음도 아니며, 진제(眞際)와 같고 법계(法界)와 같아서 일컬을 수도 없고 헤아릴 수도 없어서 모든 칭량(稱量)을 지나갔습니다.

크지도 않고 작지도 않으며, 보는 것도 아니고 듣는 것도 아니며, 느낌도 아니고 앎도 아니며, 온갖 결박을 다 떠나서 모든 지혜와 같고 중생과 같으며, 모든 법에 분별이 없어서 일체를 얻음도 없고 잃음도 없으며, 흐림도 없고 번거로움도 없으며, 지음도 없고 일으킴도 없으며, 생김도 없고 멸함도 없으며, 두려움도 없고 걱정도 없으며, 기쁨도 없고 싫음도 없으며, 과거에 있음도 아니고 미래에 있음도 아니고 지금 있음도 아닙니다. 가히 일체 언설(言說)로 분별하고 나타내 보이지 못합니다. 세존이시여, 여래의 몸이 이와 같습니다. 이와 같은 관찰을 해야 합니다. 이렇게 관찰하는 사람은 이름이 바른 관찰입니다. 만약 다르게 관찰하는 사람은 이름이 삿된 관찰입니다."

그때에 사리불이 유마힐에게 물었다.

"그대는 어디에서 죽어서 여기에 태어났습니까?"

유마힐이 말하였다.

"그대가 얻은 법은 죽고 태어남이 있습니까?"

사리불이 말하였다.

"죽고 태어남이 없습니다."

유마힐이 말하였다.

"만약 모든 법이 죽고 태어나는 모양이 없다면 어째서 그대는 어디에서 죽어서 여기에 태어났는가를 묻습니까? 어떻게 생각합니까? 비유하자면 마술을 하는 사람이 마술로 남자와 여자를 만든 것과 같습니다. 어찌 그것을 죽고 태어남이라 하겠습니까?"

사리불이 말하였다.

"죽고 태어남이 없습니다."

"그대는 어찌 부처님이 '모든 법은 환영(幻影)과 같다.'라고 말씀하신 것을 듣지 못했습니까?"

답하였다. "예, 들었습니다."

"만약 일체 법이 환영과 같은 모습이라면 어찌하여 '그대는 어디에서 죽어서 여기에 태어났느냐'라고 묻습니까?"

사리불이 말하였다.

"없어진다는 것은 헛되고 거짓된 법이 무너지고 부서지는 모습이고, 생긴다는 것은 헛되고 거짓된 법이 계속되는 모습입니다. 보살은 비록 죽으나 선(善)의 근본은 끝나지 아니하며 보살은 비록 태어나나 모든 악은 자라지 아니합니다."

이때에 부처님께서 사리불에게 말씀하셨다.

"나라가 있으니 이름이 묘희(妙喜)이며 부처님의 호는 무동(無動)이라. 유마힐이 그 나라에서 없어져서 이곳에 와서 생겼느니라."

사리불이 말하였다.

"미증유입니다. 세존이시여, 이 사람은 청정한 국토를 버리고 분노와 해침이 많은 이곳에 오기를 좋아하십니까?"

유마힐이 사리불에게 말하였다.

"어떻게 생각합니까? 햇빛이 나올 때에 어둠과 합하여집니까?"

답하였다. "아닙니다. 햇빛이 나올 때에 모든 어둠은 없어집니다."

유마힐이 말하였다.

"저 해는 무슨 까닭으로 염부제에 다닙니까?"

답하였다. "밝게 비춰서 어둠을 제거하기 위함입니다."

유마힐이 말하였다.

"보살도 이와 같아서 비록 청정하지 못한 불토(佛土)에 중생을 교화하기 위해서 태어났지만, 어리석음의 어둠과 함께 합하지는 않습니다. 다만 중생의 번뇌와 어둠을 소멸할 뿐입니다."

이때에 대중들이 묘희(妙喜) 세계와 무동(無動) 여래와 그리고 그곳의 보살과 성문 대중(聲聞大衆) 친견하기를 목말라 하였다. 부처님이 일체 대중의 생각하는 바를 아시고 유마힐에게 말하였다.

"선남자여, 이 대중을 위하여 묘희국의 무동 여래와 보살과 성문 대중을 나타내 보이시오. 대중이 모두 친견하고자 합니다."

이에 유마힐이 생각하였다.

'내가 마땅히 자리에서 일어나지 않고 묘희국(妙喜國)의 철위산천(鐵圍山川)과 계곡과 강하(江河)와 대해(大海)와 샘과 수미(須彌)의 여러 산과 해와 달과 별들과 천신(天神)과 용과 귀신과 범천(梵天) 등의 궁전과 여러 보살과 성문 대중과 성읍(城邑)과 마을과 남자와 여자와 사람, 작은 사람과 무동(無動) 여래와 보리수와 아름다운

연꽃과 능히 시방의 불사를 짓는 것을 보고 듣게[接] 하리라.'

또 세 갈래 길의 보배 계단으로 염부제로부터 도리천(忉利天)에 이르는데 이 보배로 된 계단으로 모든 천신이 내려와서 모두 무동 여래에게 예경하고 경법(經法)을 들으며 염부제 사람들도 또한 그 계단으로 통해서 도리천에 올라 저 모든 하늘과 묘희 세계를 보게 하리라. 이와 같은 한량없는 공덕을 성취하되, 위로는 아가니타천[有頂天]까지 이르고 아래로는 물 경계에 이르기까지 오른손으로 절단하여 취하기를 마치 도자기를 만드는 것처럼 하여 이 세계에 집어넣기를 마치 꽃다발을 가지고 일체 대중에게 보이듯이 하리라.'

이러한 생각을 하고 나서 삼매에 들어가서 신통력을 나타내어 그 오른손으로 묘희 세계를 절단하여 취해서 이 국토에 두었다. 그 국토의 신통을 얻은 보살들과 성문 대중과 다른 천인들이 다 같이 소리를 질렀다.

"아, 세존이시여, 누가 저희를 취해 갑니까? 바라옵건대 구제하여 보호해 주십시오."

무동(無動) 부처님이 말씀하셨다.

"내가 하는 일이 아니라 유마힐이 신통력으로 하는 것이니라."라고 하였다. 그 나머지 아직 신통을 얻지 못한 사람들은 자기들이 가는 것을 느끼지도 못하고 알지도 못하였다. 묘희 세계가 비록 이 국토에 들어왔으나 불어나거나 줄어들지도 아니하고 이 세계도 또한 좁아지지도 아니하여 본래처럼 다름이 없었다.

그때에 석가모니 부처님이 여러 대중에게 말씀하셨다.

"그대들은 묘희세계의 무동 여래와 그 국토의 장엄과 보살행의 청정함과 제자들의 청정함을 보는가?"

모두 다 말하였다.

"예, 그렇습니다. 이미 다 봅니다."

부처님이 말씀하셨다.

"만약 보살이 이와 같은 청정한 불토를 보고자 한다면 마땅히 무동 여래가 행하신 도를 배우도록 하라."

이 묘희국이 나타날 때에 사바세계의 14나유타 사람들이 아뇩다라삼먁삼보리심을 일으켜서 모두 묘희 불토(妙喜佛土)에 태어나기를 발원하였다. 석가모니 부처님이 곧 수기(授記)하여 말씀하셨다.

"마땅히 그 나라에 태어나리라."

그때 묘희세계가 이 국토에서 요익(饒益)하게 할 일을 다 마치고 나서 다시 본래의 장소로 돌아가는 것을 모든 대중이 다 보게 되었다.

부처님이 사리불에게 말씀하셨다.

"그대는 이 묘희 세계와 무동(無動) 부처님을 보았는가?"

"예, 이미 보았습니다. 세존이시여, 일체 중생에게 청정한 국토를 얻도록 하되 무동 부처님 국토와 같게 하시고, 신통력을 얻는 것은 유마힐과 같아지기를 원합니다. 세존이시여, 우리는 기쁘게 좋은 이익을 얻었습니다. 이 사람을 친견하고 친히 공양하게 되었습니다.

그 모든 중생이 지금 있거나 만약 부처님이 열반하신 후에라도 이 경전을 듣는 사람은 또한 좋은 이익을 얻을 것입니다. 하물며 다시 듣고 나서 믿고 이해하고 받아서 독송하고 해설하며 여법하게 수행하는 사람이겠습니까? 만약 어떤 사람이 손수 이 경전을 얻은 사람은 곧 이미 법보(法寶)의 창고를 얻은 것입니다. 만약 독송해서 그 뜻을 해석하고 설한 대로 수행하면 곧 모든 부처님이 보호하고 생각하는 바가 될 것입니다. 그 누구든 이와 같은 사람에게 공양하는 사람은 마땅히 부처님께 공양하는 것이 됨을 알아야 할 것입니다. 그 누구든 이 경전을 써서 가지는 사람은 마땅히 그의 방에 곧 여래가 계시는 것임을 알아야 할 것입니다.

만약 이 경전을 듣고 능히 따라서 기뻐한다면 이 사람은 곧 일체 지혜에 나아감이 되며, 만약 능히 이 경전을 믿고 이해해서 하나의 사구게만이라도 다른 사람을 위해서 해설하는 사람은 곧 아뇩다라삼먁삼보리의 수기(授記)를 받은 것임을 마땅히 알아야 할 것입니다."

제13장

법공양품(法供養品)

최고의 공양은 법공양

　그때에 석제환인(釋提桓因)이 대중 가운데서 부처님께 말씀드렸다.

　"세존이시여, 저는 비록 부처님과 문수사리로부터 백천 가지 경전을 들었으나 이러한 불가사의하고 자재하고 신통한 결정실상경전(決定實相經典)은 일찍이 듣지 못하였습니다. 부처님께서 설하신 뜻을 제가 아는 대로라면, 만약 어떤 중생이 이 경법(經法)을 듣고 믿고 이해하고 받아서 독송하는 사람은 반드시 이 법을 얻는 데 의심하지 않을 것입니다. 어찌 하물며 설법한 것과 같이 수

행하는 것이겠습니까? 이 사람은 곧 온갖 악의 길을 막아버리고 모든 선의 문을 열어서 항상 모든 부처님의 보호하는 바가 될 것이며, 외도의 가르침을 항복받고 마군들을 꺾어 소멸하며 보리를 닦아서 도량에 편안히 머물러 여래가 행하신 자취를 실천하게 될 것입니다.

세존이시여, 만약 어떤 사람이 수지하고 독송하여 설법한 대로 수행하는 사람은 제가 마땅히 모든 권속들과 더불어 공양하고 이바지하여 섬길 것입니다. 또 마을이나 성읍이나 산림이나 광야나 이 경전이 있는 곳이라면 제가 또한 모든 권속들과 함께 법을 듣고 받아 가지기 위해서 그곳에 같이 가서 아직 믿지 못한 사람은 마땅히 믿게 하고 이미 믿은 사람은 마땅히 보호하게 할 것입니다."

부처님께서 말씀하셨다.

"훌륭하고 훌륭하여라. 천제석이여, 그대가 말한 것과 같이 내가 그대의 기쁨을 돕겠노라. 이 경은 과거와 미래와 현재의 모든 부처님이 널리 설하셨으며 불가사의한 아뇩다라삼막삼보리니라. 그러므로 천제석이여, 만약 선남자 선여인이 수지(受持)하고 독송하여 이 경전에 공양하는 사람은 곧 과거와 미래와 현재의 부처님께 공양함이 되느니라.

천제석이여, 설사 삼천대천세계에 여래가 가득한 것이 비유하자면 사탕수수, 대나무, 갈대와 벼, 삼[麻], 수풀과 같이 많다고 하자. 만약 선남자 선여인이 혹 1겁이나 혹 1겁이 못 되게 공경하고 존중하며 찬탄하고 공양하여 온갖 안락한 것으로 받드느니라. 그 모든 부처님이 열반하기에 이르러 한 분 한 분의 전신사리(全身舍利)로 칠보탑(七寶塔)을 세우는데 가로 세로가 1사천하(四天下)나 되게 하고 높이는 범천에까지 이르게 하느니라. 표찰은 장엄하여 온갖 꽃과 향과 영락과 당기와 번기와 기악이 미묘하기가 제일인 것으로서 1겁 동안이나 또는 1겁에 조금 모자라는 동안 공양하였다고 하자. 천제석이여, 어떻게 생각하는가? 그 사람이 심은 복이 얼마나 많겠는가?”

석제환인이 말하였다.

“매우 많습니다. 세존이시여, 저 사람의 복덕은 만약 백 천 겁이라도 능히 다 설명할 수가 없습니다.”

부처님이 천제석에게 말씀하셨다.

"마땅히 알아라. 이 선남자 선여인이 이 불가사의 해탈경전(不可思議解脫經典)을 듣고 믿고 이해하고 받아 지니며 독송하고 수행하면 그 복은 저 복보다 많으니라. 왜냐하면 모든 부처님의 보리가 다 이 경전으로부터 생기며 보리의 모양은 가히 한량할 수 없으니 이 인연으로 얻는 복을 헤아릴 수 없기 때문이니라."

부처님이 천제석에게 말씀하셨다.

"과거 무량 아승지겁(劫) 그때에 부처님이 계셨으니 호는 약왕여래(藥王如來)·응공(應供)·정변지(正遍知)·명행족(明行足)·선서(善逝)·세간해(世間解)·무상사(無上士)·조어장부(調御丈夫)·천인사(天人師)·불(佛)·세존(世尊)이시니라. 세계의 이름은 대장엄(大莊嚴)이며 겁의 이름은 장엄이고 부처님의 수명은 20소겁이니라. 그곳의 성문승은 36억 나유타며 보살승은 12억이 있었다. 천제석이여, 이때에 전륜성왕이 있었으니 이름이 보개(寶蓋)니라. 7보가 구족하고 4천하(四天下)를 주관하였다. 그 왕에게 1천 명의 아들들이 있었는데, 단정하고 용건(勇健)하여 능히 원적(怨敵)들을 항복 받았다. 그때에 보개가 그의 권속들과 약왕 여래에게 공양하여 온갖 안락할 바를 보시하여 5겁이 차도록 하였다. 5겁이 지나고 나서 그 1천 명의 아들들에게 말하였다. '너희도 또한 마땅히 나와 같이 깊은 마음으로 부처님께 공양하도록 하여라.'라고 하였느니라."

이에 1천 명의 아들들이 부왕의 명을 받고 약왕 여래에게 공양하기를 또 5겁이 차도록 일체 안락할 것들을 보시하였다. 그 왕의 아들 가운데 한 아들의 이름이 월개(月蓋)였다. 그는 홀로 앉아 사유하였다. '어찌 공양이 이것보다 나은 것이 없겠는가?'

부처님의 신력으로 공중에 천신(天神)이 있다가 말하였다.

"선남자여, 법의 공양이 모든 공양보다 수승하니라."

곧 물었다.

"무엇이 법의 공양입니까?"

천신이 말하였다.

"그대는 약왕 여래에게 가서 물어라. 마땅히 그대를

위하여 법의 공양을 널리 설하리라."

즉시에 월개 왕자가 약왕 여래에게 나아가서 부처님 발에 머리 숙여 예배하고 한쪽에 물러나서 부처님께 말씀드렸다.

"세존이시여, 모든 공양 중에 법공양(法供養)이 수승하다 하시니 무엇을 이름하여 법공양이라 합니까?"

약왕(藥王) 부처님이 말씀하셨다.

"선남자여, 법공양이란 모든 부처님이 설하신 깊은 경전이니라. 일체 세간은 믿기 어렵고 받아들이기 어려우며 미묘해서 보기 어려우니라. 청정하여 물들지 아니하여 분별하고 사유하여 얻을 수 있는 것이 아니니라. 보살의 법장(法藏)에 포섭한 바가 되어서 다라니의 도장으로 봉인하였다. 퇴전하지 않는 데 이르며, 6도(六度)를 성취하여 그 뜻을 잘 분별하며 보리의 법을 수순하느니라.

온갖 경전 중에 최상이며, 대자비에 들어가서 모든 마군의 일과 모든 삿된 견해를 떠나며 인연법을 수순해서 아(我)도 없고 인(人)도 없으며, 중생도 없고 수명도 없느니라. 공(空)하며 상(相)이 없으며 지음도 없으며 일으킴도 없느니라. 능히 중생에게 도량에 앉게 하여 법륜(法輪)을 굴리게 하느니라.

모든 천신과 용신과 건달바들이 함께 찬탄하는 바이니라. 능히 중생에게 부처님의 법장(法藏)에 들어가게 하며 모든 현성(賢聖)의 일체 지혜를 굳게 지키어 모든 보살의 행할 도를 설하는 것이니라. 제법실상(諸法實相)의 뜻을 의지하여 무상(無常)과 고(苦)와 공(空)과 무아(無我)와 적멸의 법을 밝혀서 능히 일체 계를 범하는 중생을 구제하느니라. 모든 마군과 외도와 탐착한 사람에게는 능히 두렵게 하느니라. 모든 부처님과 현성들이 칭탄(稱歎)하는 바이니라. 생사의 고통을 등지고 열반의 낙을 보이느니라. 시방 삼세 모든 부처님의 설하신 바이니 만약 이와 같은 경전을 듣고 믿고 이해하고 받아 지니며 독송하여 방편의 힘으로 모든 중생을 위해서 분별하고 해설하면 법을 분명하게 수호함을 나타내 보이는 것이니라. 이것이 법의 공양이니라.

또한 모든 법에 대해서 설한 대로 수행하며 12인연(十二因緣)을 수순해서 모든 삿된 견해를 떠나버리는 것이니라. 생멸이 없는 진리를 얻어서 결정코 무아가 되며 중생도 없지만, 인연과 과보에 어긋나거나 다툼이 없어서 온갖 나의 것을 떠나느니라. 뜻에 의지하고 말에 의지하지 아니하며, 지혜에 의지하고 의식(意識)에 의지하지 아니하며, 요의경(了義經)에 의지하고 요의가 아닌 경에는 의지하지 아니하며, 법에 의지하고 사람에 의지하지 마라. 법상(法相)을 수순해서 들어가는 바도 없고 돌아가는 바도 없느니라. 무명(無明)이 마침내는 적멸하기 때문에 모든 행(行)도 마침내는 적멸하며 태어남도 마침내 적멸하기 때문에 늙고 죽음도 마침내 적멸하느니라. 이처럼 관찰하여 12인연이 다하는 모양이 없어서 다시는 견해를 일으키지 않나니 이것이 최상의 법의 공양이라고 이름 하느니라.

부처님께서 천제석에게 말씀하셨다.

"왕자 월개(月蓋)가 약왕(藥王) 부처님으로부터 이와 같은 법문을 듣고 유순(柔順)의 진리를 얻었다. 그리고 곧 보배 옷과 장신구를 풀어서 약왕 부처님께 공양하며 말하였다.

'세존이시여, 여래께서 열반하신 후에 저는 마땅히 법공양(法供養)을 행하여 정법을 수호하겠습니다. 바라옵건대 위신력으로 불쌍히 여기시고 힘을 주시어 저에게 마군을 항복받고 보살행을 닦도록 하여 주십시오.'라고 하니 약왕 부처님이 그의 깊은 마음으로 생각하는 바를 아시고 수기(授記)를 주시며 '그대는 뒷날 법의 성(城)을 수호하리라.'라고 말씀하셨느니라.

천제석(天帝釋)이여, 그때에 왕자 월개가 법의 청정함을 보며 부처님의 수기(授記)를 듣고 믿음으로 출가하며 선한 법을 닦으며 정진이 오래지 않아 5신통(五神通)을 얻었느니라. 보살도(菩薩道)를 갖추고 다라니를 얻어 변재(辯才)가 끊어지지 아니하였느니라. 부처님이 열반에 드신 후에 그가 얻은 신통과 총지(總持)와 변재의 힘으로 10소겁(十小劫)이 차도록 약왕 여래가 굴리신 법륜을 수순하여 널리 펼쳤느니라. 월개 비구가 법을 수호해서 부지런히 정진하고 이 몸으로 백만 억 사람을 교화하여 아뇩다라삼먁삼보리에 물러서지 않게 하였느니라. 또 14 나유타 인이 성문과 벽지불의 마음을 깊이 발하고 한량없는 중생은 천상에 태어났느니라.

　천제석이여, 그때의 왕 보개(寶蓋)가 어찌 다른 사람이겠는가. 현재 성불하여 호가 보염(寶焰) 여래이니라. 그 왕의 1천 아들은 현겁(賢劫) 중의 1천 부처님이니라. 가라구손타가 맨 처음으로 성불하였으며, 최후 여래는 호가 누지(樓至)이며 월개 비구는 곧 나의 몸이니라. 이처럼 천제석이여, 이 중요함을 마땅히 알라. 법공양이 모든 공양 중에 가장 높은 최고이며 제일이며 비교할 바가 없느니라. 그러므로 마땅히 법공양으로써 부처님께 공양해야 하느니라."

제14장

촉루품(囑累品)

—

모든 보살에게 부촉하다

이에 부처님이 미륵보살에게 말씀하셨다.

"미륵이여, 내가 지금 한량없는 억 아승지 겁(劫) 동안 모은 바의 아뇩다라삼먁삼보리법으로 그대에게 부촉하노니 이와 같은 경을 부처님이 열반에 드시고, 말세 중에 그대들이 마땅히 신력(神力)으로 널리 펴서 유포하여 염부제에 끊어지지 않게 하라. 왜냐하면 미래세(未來世) 중에 만약 선남자 선여인과 천신·용·귀신과 건달바(乾闥婆)와 나찰 등이 아뇩다라삼먁삼보리심을 내어서 큰 법을 좋아하더라도 만약 이와 같은 경을 듣지 못하면 좋은 이익을 잃어버릴 것이기 때문이니라. 이와 같은 사람들이 이 경을 들으면 반드시 많이 믿고 좋아하여 희유한 마음을 내어 마땅히 이마에 받아 지니리라. 그러므로 여러 중생이 응당 얻을 바 이익을 따라서 그들을 위하여 널리 설하도록 하라.

미륵이여, 마땅히 알아라. 보살에게 두 가지 모습이 있으니 무엇이 두 가지인가? 하나는 잡된 글귀와 문장을 수식하는 일을 좋아하는 것이며, 둘은 깊은 뜻을 두려워하지 않고 진실에 능히 들어가는 것이니라. 만약 잡된 글귀와 문장을 수식하는 일을 좋아하는 사람은 마땅히 알아라. 이 사람은 새로 배우는 보살이며, 만약 이처럼 물듦이 없고 집착이 없는 매우 깊은 경전에 대하여 두려움이 없고 그 가운데 능히 들어가서 듣고 나서 마음이 청정하여지고 받아서 독송하고 설한 대로 수행하면 마땅히 알아라. 이 사람은 오랫동안 도행(道行)을 닦은 사람이니라.

미륵이여, 다시 또 두 가지 법이 있는데 이름이 새로 배우는 사람이니 능히 매우 깊은 법을 결정하지 못함이

라. 무엇이 두 가지인가? 하나는 아직 깊은 경전을 듣지 못한 것을 들으면 놀라고 두려워서 의심을 내어 능히 수순하지 못하고 훼방하고 믿지 아니하여 이러한 말을 하되,

'나는 처음부터 듣지 못했다. 어디에서 온 것인가?' 하는 사람이다. 둘은 만약 이와 같은 깊은 경을 보호하여 가지고[持] 해설하는 사람이라도 기꺼이 친근하여 공양(供養) 공경(恭敬)하지 아니하며 혹 때로는 그 가운데서 허물을 말하느니라. 이 두 가지 법이 있으면 마땅히 알아라.

그는 새로 배우는 보살이니라. 스스로 상처를 내고 헐뜯어서 능히 깊은 법 가운데에서 그 마음을 조복하지 못하느니라.

미륵이여, 다시 또 두 가지 법이 있으니 보살이 비록 깊은 법을 믿고 이해하지만, 오히려 스스로 헐뜯고 상처를 내어 능히 생멸이 없는 법을 얻지 못하느니라. 무엇이 둘인가? 하나는 새로 배우는 보살을 가벼이 하고 업신여겨서 가르치지 아니함이요, 둘은 비록 깊은 법을 믿고

이해하지만, 모양을 취해서 분별하나니 이것이 두 가지 법이니라.”

미륵 보살이 이 법문 설하시는 것을 듣고 나서 부처님께 말씀드렸다.

“세존이시여, 미증유입니다. 부처님이 설법하신 것과 같이 저는 마땅히 이와 같은 악은 멀리 떠나고 여래의 무수한 아승지 겁 동안 모으신 아뇩다라삼먁삼보리법을 받들어 가지겠습니다. 만약 오는 세상에 선남자 선여인이 대승을 구하는 사람이 있으면 마땅히 이와 같은 경전을 손에 얻게 하며 그에게 염력(念力)을 주면 받아서 독송하게 하여 다른 사람을 위해 널리 설하게 하겠습니다. 세존이시여, 만약 뒷날 말세에 어떤 사람이 능히 받아 가지고 독송하여 다른 사람을 위하여 설법하는 사람이 있으면 마땅히 미륵의 신비한 힘으로 건립한 것인 줄 알아야 할 것입니다.”

부처님께서 말씀하셨다.

“훌륭하고 훌륭하여라. 미륵이여, 그대가 말한 바와 같으니라. 부처님이 그대를 도와 기쁘게 하리라.”

이에 일체 보살이 합장하고 부처님께 말씀드렸다.

"우리도 또한 여래께서 열반하신 후 시방 국토에서 아뇩다라삼먁삼보리법을 널리 펴서 유포하겠습니다. 또한 마땅히 모든 설법하는 사람들을 인도해서 이 경전을 얻게 하겠습니다."

그때에 사천왕이 부처님께 말씀드렸다.

"세존이시여, 어느 곳이든지 성읍과 마을과 산림과 광야에서 이 경전을 독송하고 해설하는 사람이 있으면 저는 마땅히 여러 관리와 하인들을 거느리고 법을 듣기 위해서 그곳에 나아가서 그 사람을 옹호하여 그 앞에서 1백 유순(由旬) 안에 훼방하려 하면 그 기회를 잡지 못하게 하겠습니다."

이때에 부처님께서 아난에게 말씀하셨다.

"이 경전을 받아 가져서 널리 펴서 유포하여라."

아난이 말하였다.

"예, 저는 이미 요긴한 점을 받아 가졌습니다. 세존이시여, 마땅히 이 경전을 무엇이라고 이름 불러야 하겠습니까?"

부처님이 말씀하셨다.

"아난아, 이 경전은 이름이 유마힐소설(維摩詰所說)이며, 또한 불가사의 해탈법문(不可思議 解脫法門)이니 이처럼 받아 가져야 한다."

부처님께서 이 경을 설하여 마치시니 장자 유마힐과 문수사리와 사리불과 모든 천인들과 아수라와 일체 대중이 부처님이 설하신 것을 듣고 모두 다 크게 환희하여 믿고 받아서 받들어 행하였다.

유마경 해제(維摩經 解題)

　유마경(維摩經)』은 원명을 비말라 끼르띠 수뜨라(Vimalakīrti Sūta)라고 하며, 반야경에 이어 나타난 초기 대승경전 중에서도 그 성립이 오래된 것 중의 하나이다.

　산스크리트어 원본(原本)은 없으나 티베트어 역이 있고 한역 3본(本) 중에서는 구마라집 삼장이 번역한 『유마힐소설경(維摩詰所說經)』3권이 일반적으로 가장 많이 사용되고 있다. 여기에서 강설하면서 저본으로 삼은 것도 이 본이다.

　유마힐(維摩詰)이란 비말라 끼르띠의 음역으로서 비야리성의 부호(富豪) 이름이다. 그는 이 경의 주인공이며 세속에서 살아가는 신자인 거사(居士)로서 불교의 깊고 높은 경지를 체득하고 청정한 행위를 실천하며, 가난한 사람들에게는 도움을 주고 불량한 사람들에게는 훈계를 해서 올바른 가르침을 전하고자 노력하였다고 한다.

그는 재가신자의 이상상(理想像)이며 모든 불자의 이상상이다. 『유마경』에서는 이 유마힐을 모델로 하여 『반야경』에 서술된 공(空) 사상을 체득하여 대승보살행의 실천을 강조하였다. 세속에 있으면서 불도를 실천하고 나아가서 불도를 완성하게 됨을 설하려는 것이 이 경의 중요한 내용이다. 또한 "마음이 청정하면 국토도 청정해진다."라는 말을 비롯하여 불교의 명언이 아주 많다. 특히 『유마경』은 중국에서 널리 읽혔으며 초기 선종(禪宗)에서 매우 중요시한 경전이다.

불교경전 중에서 재가자를 주인공으로 한 경전으로는 이 『유마경』과 승만 부인을 주인공으로 한 『승만경』만이 남아 있다. 그렇기 때문에 이 두 경은 매우 중요한 경전으로 간주한다.

『유마경』에서는 출가 중심의 편협하고 왜곡된 불교를 철저하게 비판하여 대승불교의 참다운 뜻을 밝히고 있다. 유마 거사가 살았던 바이샬리, 즉 비야리 성은 중인도 갠지스 강 지류인 간다아크 강 연안에 발전된 상업도시로 화폐 경제가 발달하였고, 진취적이고 자유로운 정신이 넘쳤던 곳이다. 유마 거사는 이 시대의 자유롭고 진취적이며 비판적인 정신을 대표하고 있다.

경전의 성립 연대는 확실하지 않지만, 대개 1~2세기경으로 추정된다. 경전의 주인공인 유마힐은 비말라 키르티의 음역으로 '깨끗한 이름[淨名]' 또는 '때 묻지 않는 이름[無垢稱]'이라는 뜻이 있다. 이 경의 또 다른 이름인 『불가사의 해탈경(不可思議解脫經)』은 제14장 「촉루품」에서 부처님이 아난에게 "이 경을 불가사의 해탈문이라고 이름한다."라고 한 것에 근거해서 붙여진 이름이다. 이 경의 내용이 상식이나 이론적인 입장을 초월한 불가사의한 종교적 체험의 경지를 서술하고 있기 때문이다.

『유마경』은 산스크리트 원전은 없으나 그 일부가 월칭(月稱)의 『중론석(中論釋)』이나 적천(寂天)의 『대승집보살학론(大乘集菩薩學論)』에서 인용되고 있다. 대승경전 중에서 유마힐이 언급되는 경전으로는 『불설대방등정왕경(佛說大方等頂王經)』, 『불설월상녀경(佛說月上女經)』 등이 있다. 『유마경』의 번역본으로는 고탄(于闐)어의 번역 단편과 페르시아의 한 방언인 소그드(Sogdh, 栗特)어의 번역본 일부가 전해

지고 있다. 티베트 역은 산스끄리뜨 원전에 가장 가까운 것으로 추정된다. 그리고 한역(漢譯)으로는 다음과 같은 것들이 있다.

불엄조(佛嚴調) 역, 『고유마힐경(古維摩詰經)』 2권(187년)

지겸(支謙) 역, 『불설유마힐경(佛說維摩詰經)』 2권(223~253)

축숙란(竺叔蘭) 역, 『비마라힐경(毘摩羅詰經)』 3권(296년)

축법호(竺法護) 역, 『유마힐소설법문경(維摩詰所說法門經)』 1권(303년)

사문 지다밀(祇多密) 역, 『유마힐경(維摩詰經)』 4권(미상)

구마라집(鳩摩羅什) 역, 『유마힐소설경(維摩詰所說經)』 3권(406년)

현장(玄奘) 역, 『설무구칭경(說無垢稱經)』 6권(650년) 등이다.

이 중 현존하는 것은 지겸·구마라집·현장 역본이다. 한역 중 티베트 역과 가장 일치하는 것은 현장 역이지만, 전통적으로 구마라집 역본이 가장 많이 읽히고 있다.

『유마경』에 대한 주석서로는 인도에서 세친(世親)의 주석서가 있었다고 하지만 현재 남아 있지 않다. 중국의 주석서로는 다음과 같은 책들이 있다.

유마경 해제

구마라집의 『유마경소(維摩經疏)』

승조(僧肇)의 『주유마힐경(註維摩詰經)』

혜원(慧遠)의 『유마힐기(維摩詰記)』

지의(智顗)의 『유마경현의(維摩經玄義)』

지의(智顗) 설 담연(湛然) 약(略)의 『유마경약소(維摩經略疏)』

지원(智圓)의 『유마경약소(維摩經略疏)』와 『수유기(垂裕記)』

길장(吉藏)의 『정명현론(淨名玄論)』, 『유마경의소(維摩經義疏)』

규기(窺基)의 『설무구칭경소(說無垢稱經疏)』

전등(傳燈)의 『유마경무아소(維摩經無我疏)』

양기원(揚起元)의 『유마경평주(維摩經評註)』

정연(淨挺)의 『유마힐경요설(維摩詰經饒舌)』

『유마경』은 재가 거사인 유마힐을 중심인물로 내세워 출가 중심주의의 형식적이고 소승적인 부파불교를 신랄하게 비판하고 대승불교의 진의를 드러내고 있다. 유마 거사는 세속에 있으면서도 대승의 보살도를 성취하여 출가자와 같은 종교 이상을 실현하며 살고 있었다.

유마 거사는 방편으로 병이 들었는데, 사실은 문병 오는 사람에게 설법을 해 주기 위한 목적이 있었다. 석가모니 부

처님은 이러한 사정을 알고 제자들에게 유마 거사의 병문
안을 명하였지만, 일찍이 유마 거사로부터 힐난을 받은 적
이 있는 제자들과 보살들은 병문안 가는 것을 극구 사양
하였다. 유마 거사는 비록 세속에 있지만, 대승의 궁극적
가르침을 자각하였기에 부처님의 10대 제자들과 보살들도
그를 상대할 수 없었던 것이다.

마침내 문수보살이 부처님의 명을 받아 유마 거사의 병
문안을 가게 된다. 두 사람은 상대적인 것에 얽매이지 않
고 자유자재하게 대화한다. 여기에서 진정한 불이법문(不
二法門)이 무엇인가를 드러내는 유마 거사의 침묵은 『유마
경』의 압권으로 꼽힌다.

유마 거사는 기존의 출가 중심의 불교에 대한 비판을 통
해 당시 불교의 문제점을 비판하며 지적하고 있다. 그것은
곧 자기의 이익만을 생각하는 소승적 삶을 탈피해서 남을
배려하고 세상을 먼저 구제하는 대승보살 정신을 드러내
어 밝힌 가르침이다. 필자는 이러한 점을 참고하여 한마디
로 『유마경』은 '대승불교운동의 선언서'라고 표현한다.

『유마경』은 상·중·하 세 권, 14품으로 구성되어 있다.
경의 주요 내용을 살펴보면 다음과 같다.

유마경 해제

첫째, 현실의 국토가 불국토(佛國土)이다. 불국토가 이상적인 곳이 아니라 우리가 현재 사는 이곳이 불국토다. 「불국품」에서 "직심(直心), 심심(深心), 보리심(菩提心)이 보살의 정토이다.", "이 마음이 청정하면 불국토도 청정하다."라고 하여 정토라는 것은 그것을 실현하고자 하는 보살의 실천 정신 가운데 이미 표현되어 있으므로 현실국토가 바로 정토라고 하였다.

둘째, 자비(慈悲) 정신의 실천이다. 「문수보살문질품」에서 "어리석음과 탐욕과 성내는 마음으로부터 내 병이 생겼습니다. 모든 중생이 병에 걸려 있으므로 나도 병들었습니다. 만일 모든 중생의 병이 나으면, 그때 내 병도 나을 것입니다."라는 유마 거사의 이 유명한 말은 중생과 고통을 함께하는 보살의 모습을 표현한 것이다. 즉 보살의 병은 보살의 자비에 의한 것이다. 보살은 이 자비를 실천하기 위해 노력하지 않으면 안 된다고 하고 있다.

번뇌에 싸인 중생을 깨달음으로 인도하는 것이 보살이다. 5무간죄, 지옥·아귀·축생의 3악도, 탐·진·치의 3독에 몸을 던지면서도 이에 속박됨이 없는 것이 보살의 길이다.

셋째, 평등의 불이사상(不二思想)의 실천이다. 출가·재가

와 같은 이분법적 구분으로는 궁극적인 깨달음을 얻을 수 없다. 보리와 번뇌가 둘이 아니고, 부처와 중생이 둘이 아니며, 정토와 예토(穢土)가 둘이 아니라는 불이사상을 통해 절대 평등의 경지에 들어가야 깨달음을 성취할 수 있다. 실상의 진리는 형상이 없고, 생각할 수도 없고, 말할 수도 없는 공의 경지이다. 이러한 궁극적인 깨달음은 언어와 문자를 초월해 있다.

넷째, 중생에게 모두 깨달음의 가능성이 있음을 말한다. 유마 거사는 현실의 인간이 비록 온갖 번뇌 망상으로 괴로워하며, 여러 가지 악을 행하고 있더라도 궁극적으로는 깨달음을 이룰 수 있다고 주장한다. "일체의 번뇌가 곧 여래의 종성(種性)이다."라고 하여 불법은 번뇌 가운데 나타난다고 하였다.

『유마경』이라 하면 당연히 불이사상이 주된 뜻이라고는 하지만, 보살의 정신과 그 실천에 무게를 두고 싶다. "중생이 아프면 나도 아프다."라는 말이 이 시대에는 더욱 크게 울리기 때문이다. 천태지의(天台智顗, 538~597) 대사는 교판(敎判)에서 이 경을 방등시(方等時) 또는 탄가시(彈訶時)에 배당했다. 편협한 소승들의 생각을 꾸짖는 가르침이라는 뜻이다.

유마경 해제

역자 소개 _ 무비(無比) 스님

부산 범어사에서 여환(如幻) 스님을 은사로 출가, 해인사 강원을 졸업하였으며, 해인사·통도사 등 여러 선원에서 안거하였다. 이후 오대산 월정사에서 탄허 스님을 모시고 경전을 공부한 무비 스님은 탄허 스님의 법맥을 이은 대강백으로 통도사·범어사 강주, 조계종 승가대학원장, 대한불교 조계종 교육원장을 역임하였다. 현재 범어사 한주로 계시면서 많은 집필 활동과 아울러 전국 각지의 법회와 인터넷카페 염화실에서 불자들을 만나고 있다. 역저서로『무비 스님과 함께하는 불교공부』,『화엄경현토과목』(4권),『보현행원품 강의』,『유마경, 사람들이 아프니 나도 아프다』,『이것이 간화선이다-서장 강설』,『백운 스님 어록』,『나옹 스님 어록』등 다수가 있다. 인터넷카페 염화실(http://cafe.daum.net/yumhwasil)의 문을 두드리면 시공을 초월하여 스님을 만날 수 있다.

유마경

초판 1쇄 발행 | 2019년 1월 30일   초판 2쇄 발행 | 2024년 1월 5일

옮긴이 | 무비

펴낸이 | 윤재승   펴낸곳 | 민족사

주간 | 사기순   기획홍보팀 | 윤효진   영업관리팀 | 김세정

출판등록 | 1980년 5월 9일 제1-149호
주소 | 서울 종로구 삼봉로 81 두산위브파빌리온 1131호
전화 | 02)732-2403, 2404   팩스 | 02)739-7565
홈페이지 | www.minjoksa.org
페이스북 | www.facebook.com/minjoksa
이메일 | minjoksabook@naver.com

ⓒ 무비, 2019

ISBN 979-11-89269-15-9 (04220)
ISBN 979-11-89269-12-8 (04220) 세트